T0088620

THE EVERYTHING® LARGE-PRINT TV WORD SEARCH BOOK

VOLUME 2

Dear Reader,

I had a blast creating this book for you! It was fun taking a deep dive into the world of television. I've returned with a boatload of word search puzzles that cover TV in all its glory. Each puzzle has a TV-related theme with relevant words hidden in the grids. You'll be familiar with many of the words, but some might test your knowledge.

Besides watching a lot of television, I've also created a lot of puzzle books. (More than one hundred and counting!) My favorite format is large print, like this book. It's similar to watching TV on a giant screen. When you can see the grids so clearly, the hunt for words is more enjoyable.

Like TV, word search puzzles can be very relaxing. These puzzles will engage your brain and reward it every time a word is found. And with a gentle focus you will find all of them!

Charles Timmerman

Welcome to the EVERYTHING® Series!

These handy, accessible books give you all you need to tackle a difficult project, gain a new hobby, comprehend a fascinating topic, prepare for an exam, or even brush up on something you learned back in school but have since forgotten.

You can choose to read an Everything® book from cover to cover or just pick out the information you want from our four useful boxes: e-questions, e-facts, e-alerts, and e-ssentials. We give you everything you need to know on the subject, but throw in a lot of fun stuff along the way too.

We now have more than 400 Everything® books in print, spanning such wide-ranging categories as weddings, pregnancy, cooking, music instruction, foreign language, crafts, pets, New Age, and so much more. When you're done reading them all, you can finally say you know Everything®!

PUBLISHER Karen Cooper
MANAGING EDITOR, EVERYTHING® SERIES Lisa Laing
COPY CHIEF Casey Ebert
ASSISTANT PRODUCTION EDITOR Jo-Anne Duhamel
ACQUISITIONS EDITOR Lisa Laing
EVERYTHING® SERIES COVER DESIGNER Erin Alexander

Visit the entire Everything® series at www.everything.com

THE EVERYTHING® LARGE-PRINT TV WORD SEARCH BOOK

VOLUME 2

120+ must-see word searches for tuned-in TV fans!

Charles Timmerman
Founder of Funster.com

Adams Media
New York London Toronto Sydney New Delhi

adamsmedia
Adams Media
An Imprint of Simon & Schuster, Inc.
57 Littlefield Street
Avon, Massachusetts 02322

Copyright © 2017 by Simon & Schuster, Inc.

All rights reserved, including the right to reproduce this book or portions thereof in any form whatsoever. For information address Adams Media Subsidiary Rights Department, 1230 Avenue of the Americas, New York, NY 10020.

An Everything® Series Book.
Everything® and everything.com® are registered trademarks of Simon & Schuster, Inc.

First Adams Media trade paperback edition DECEMBER 2017

ADAMS MEDIA and colophon are trademarks of Simon and Schuster.

For information about special discounts for bulk purchases, please contact Simon & Schuster Special Sales at 1-866-506-1949 or business@simonandschuster.com.

The Simon & Schuster Speakers Bureau can bring authors to your live event. For more information or to book an event contact the Simon & Schuster Speakers Bureau at 1-866-248-3049 or visit our website at www.simonspeakers.com.

Interior design by Heather McKiel

Manufactured in the United States of America

10 9 8 7 6 5 4 3 2 1

ISBN 978-1-5072-0642-3

Many of the designations used by manufacturers and sellers to distinguish their products are claimed as trademarks. Where those designations appear in this book and Simon & Schuster, Inc., was aware of a trademark claim, the designations have been printed with initial capital letters.

Dedicated to my family.

Acknowledgments

I would like to thank each and every one of the more than half million people who have visited my website, Funster.com, to play word games and puzzles. You have shown me how much fun puzzles can be and how addictive they can become!

It is a pleasure to acknowledge the folks at Adams Media who made this book possible. I particularly want to thank my editor, Lisa Laing, for so skillfully managing the many projects we have worked on together.

Contents

Introduction / 9

Puzzles / 11

Answers / 257

Introduction

The puzzles in this book are in the traditional word search format. Words in the list are hidden in the puzzle in any direction: up, down, forward, backward, or diagonal. The words are always found in a straight line, and letters are never skipped. Words can overlap. For example, the two letters at the end of the word *MAST* could be used as the start of the word *STERN*. Only uppercase letters are used, and any spaces in an entry are removed. For example, *TROPICAL FISH* would be found in the puzzle as *TROPICALFISH*. Apostrophes and hyphens are also omitted in the puzzles. Draw a circle around each word you find. Then cross the word off the list so you will know which words remain to be found.

A favorite strategy is to look for the first letter in a word, then see if the second letter is one of the neighboring letters, and so on until the word is found. Or instead of searching for the first letter in a word, it is sometimes easier to look for letters that stand out, like *Q*, *U*, *X*, and *Z*. Double letters in a word will also stand out and be easier to find. Another strategy is to simply scan each row, column, and diagonal looking for any words.

Puzzles

AL BUNDY
ARYA STARK
BART
BATMAN
BENDER
BUFFY
BUGS BUNNY
CARTMAN
COLUMBO
DAENERYS
DARIUS
DATA
DENNIS BOX
DEXTER
ELEVEN
FLEABAG
FONZIE
FRASIER
GILLIGAN
HOMER
HOUSE
KERMIT
KIM CHI
KIRK
KRAMER
LUCY
MACGYVER
MAGNUM
MONK
MORK
NEGAN
PICARD
SAM MALONE
SCULLY
SEINFELD
SPOCK
THE JOKER
TIG BAVARO
TYRION

FAVORITE CHARACTERS

Y R E V Y G C A M U N G A M
A F M O N K S C U L L Y T J
N R F U N E Y C U L Y W Y F
A E Y U U R R B E N D E R T
G T C A B M E V F O N Z I E
E X O B S I N N E D U G O T
N E L N G T E N I B B C N H
F D U E U S A M M A L O N E
L L M V B G D R V R A A A J
E E B E I C J A K T M R M O
A F O L H W R X A T A D T K
B N L E C O D A R I U S A E
A I K S M F R A S I E R B R
G E R U I W C P I C A R D Y
N S I O K R A M E R E M O H
J X K H K C O P S K R O M S

Solution on Page 258

ARCHER
AZIZ ANSARI
BILL CAMP
CARRIE COON
CLAIRE FOY
DE NIRO
FARGO
GENIUS
JANE FONDA
JUDY DAVIS
LAURA DERN
MACY
MATT WALSH
PORTLANDIA
RHYS
RIZ AHMED
SCHREIBER
SKARSGARD
SOUTH PARK
TAMBOR
THE CROWN
THIS IS US
TONY HALE
TOP CHEF
TURTURRO
TY BURRELL
VEEP
VENTIMIGLIA
VIOLA DAVIS
WITHERSPOON

2017 EMMY NOMINATIONS

O T Y B U R R E L L Y C A M
G H S L A W T T A M B O R I
R I H T S I V A D Y D U J R
A S P O R T L A N D I A K A
F I V N D H V D V F J R I S
Z S N Y E E Z E E A A L I N
N U R H N R D H N P G V O A
W S E A I S C E H I A O R Z
O C D L R P F T M D C C H I
R H A E O O U I A E H Q Y Z
C R R T N O T L I E A K S A
E E U D S N O R R U T R U T
H I A H E I R I Z A H M E D
T B L V V A P M A C L L I B
V E E P C L A I R E F O Y E
D R A G S R A K S U I N E G

Solution on Page 258

ANTIQUES
APPRAISED
ART
BILLINGS
BILOXI
BRIEF
CERAMICS
CHINESE
CITIES
COMICS
CUPS
ELIAS
EXPERTS
FEEDBACK
FURNITURE
GLASS
HISTORY
HOST
HOURS
ITEMS
JUSSEL
KENO
MONTANA
OWNERS
PAINTING
PBS
PEOPLE
POSTERS
POTTERY
SEGMENTS
SELECTED
SPENCER
TALKING
TOYS
VALUE
WALBERG
WATERCOLOR
WES COWAN
WGBH

W C O M I C S T R E P X E C
A R T H I S T O R Y N P E P
T P S F S R N O W N E R S B
E O P U B U E L B O A A R F
R T E R P O M B P M N O E R
C T N N A H G L I A S E T S
O E C I A I E C T L D Y S E
L R E T V W S N S B O J O I
O Y R U S H O E A B U X P T
R G O R G M U C D S R C I I
V N N E N Q K E S E N I H C
A I E L I A S E L E C T E D
L K K T L G L A S S W E H F
U L N X L S P U C E Y M P W
E A P A I N T I N G T S O H
J T W G B H G R E B L A W E

Solution on Page 258

ACCIDENT
ANCIENT
BODY
BONES
CADE
CAROLINE
DAGGER
DAMON
DEATH
DRAMA
ELENA
ENZO
GIRL
HELL
JEREMY
KILLING
LIFE
LOVE
MAGIC
MATT
MONSTER
MYSTIC FALLS
POLICE
RELATIONSHIP
SACRIFICE
SALVATORE
STAB
STEFAN
SUPERNATURAL
TEENAGE
THE CW
TOWN
VAULT
VERVAIN
VILLAIN
VIRGINIA
WITCH

K I L L A E C I L O P V M O
L R R M C N W O T B Y V E U
C W I O C I G A M N A L Z V
O C G N I L L I K U E L I A
G E O S D O M X L N O L M L
E H V T E R O T A V L A S I
R T E E N A G E E A R L T F
T T R R T C D W I D L N N E
M A V I R G I N I A E D A C
E M A S A C R I F I C E F D
H W I T C H I C C O Z N E A
S E N O B Y I N Y D O B T G
T L A R U T A N R E P U S G
A P I H S N O I T A L E R E
B X C Y M E R E J T C Q E R
D A M O N Z L L E H Z H L C

Solution on Page 258

BAR
BREAKFAST
BURGERS
CELEBRITIES
CHEFS
CUISINE
CUSTOMERS
DEMONSTRATE
DINERS
DISHES
DIVES
EATERIES
ETHNIC
FAMILY
FLAVORS
FOOD
GOURMET
GUY FIERI
HOST
INGREDIENTS
JOINTS
MEAT
OPINIONS
PIZZA
PREPARE
REALITY
RECIPES
REGIONAL
ROAD TRIP
SAMPLE
SMALL
SMOKED
STAFF
STEAK
STYLES
THEME
TRAVELS
TRIPLE D

F S E N I S I U C H E F S T
O J T G R D E K O M S D H Y
O P H N W E S I O W E E I L
D R N Q I M G P R L M S G I
I E I B A O I I P E U T S M
V P C L U N J I O E T E T A
E A L R I S R B L N I A N F
S R M O B T L P U T A K E L
Y E N G H R M E I R W L I A
T S L U O A E R V Z G M D V
I S B Y S T B A S A Z E E O
L E S F T E O B K R R A R R
A H C I L S T A F F E T G S
E S R E M O T S U C A N N L
R I C R E C I P E S O S I B
J D P I R T D A O R K Q T D

Solution on Page 259

ACQUISITION
AFFILIATE
BATMAN
BROADCAST
CABLE
DECEPTION
DISNEY
ESPN
FACILITIES
JIMMY KIMMEL
LOS ANGELES
LOVE BOAT
MATCH GAME
MERGER
MISS AMERICA
MOONLIGHTING
NETWORK
NEWS
PRODUCTION
SEA RESCUE
SHARK TANK
SPEECHLESS
THE MAYOR
THE MIDDLE
THE TOY BOX
THE VIEW
UGLY BETTY
WAGON TRAIN

S P E E C H L E S S W E N D
K R N O I T P E C E D W L I
D O O I R E U C S E R A E S
E D I Y Y T T E B Y L G U N
M U T C A B L E W J N O T E
A C I R E M A S S I M N S Y
G T S S F T E T T M E T A A
H I I E A W H H M M R R C F
C O U L C E G E T Y G A D F
T N Q E I I B T M K E I A I
A E C G L V A O D I R N O L
M T A N I E T Y W M D J R I
I W O A T H M B C M E D B A
L O L S I T A O B E V O L T
M R C O E G N X Q L N P S E
J K K L S H A R K T A N K Y

Solution on Page 259

BUDGET
BUYING
CARPENTER
CHARM
CHIP
CHOOSE
CLIENTS
CONTRACTOR
COUNTRY
COUPLE
DESIGN
DREAM
FAMILY
FARMHOUSE
FIXER
GAINES
HGTV
HOMES
HUNT
JOANNA
KIDS
MAGNOLIA
MAKEOVER
MODERN
OLDER
POTENTIAL
RANCH
REALITY
RENOVATE
REPAIR
RESIDENCE
SHOW
SPACE
SUBURB
TEXAS
THREE
TOWN
UNIQUE
VINTAGE
WACO

F F D R A N C H R G W A C O
I K S E M O H M M A E R D N
X S U B U R B A R I A P E R
E E S P A C E K T N U H N U
R Y L I M A F E Z E R P R N
V E F A R M H O U S E O E I
X G N I Y U B V I E T T D Q
Y M W O H S J E M C N E O U
T R N O V O G R A N E N M E
I A T Z A A V R G E P T C E
L H M N T B T R N D R I H R
A C N N U N G E O I A A O H
E A I D O O H D L S C L O T
R V G C R Z C L I E N T S O
D E S I G N H O A R P C E W
T E X A S C H I P S D I K N

Solution on Page 259

AFC
ATLANTA
BELICHICK
BRADY
CHAMPION
COMEBACK
COMMERCIALS
DRIVE
FALCONS
FIELD GOAL
FOX
GAME
GRIDIRON
HOUSTON
JOE BUCK
KICKOFF
LADY GAGA
LEAD
NEW ENGLAND
NFC
NRG
PASS
PATRIOTS
POINTS
QUARTER
RECORD
RUN
RYAN
SEASON
SHOW
TEAM
TEXAS
TIE
TOUCHDOWN
TRAILING
TROY AIKMAN
VICTORY
YARDS

SUPER BOWL LI

N K K Q S C F A L C O N S M
O Y C L E G O S T N I O P A
T R O Y A I K M A N F C Y E
S O M F S O E X E S A X E T
U T M L O R G W M B D L P E
O C E K N X E D S S A P T M
H I R A X N J T L O E C K A
C V C T G A W F R E L C K G
B H I L N A J O S A I R P N
R E A B K O G D D H U F A I
A N L M E I R Y C H O Q T L
D U S B P O C I D N C W R I
Y R U D C I L K D A T U I A
W C I E R E O A O I L N O R
K S R V B A U N O F R R T T
M J G E E R Y A N G F G S V

Solution on Page 259

ACCEPTING
ALI
AMAZON
AWARE
CHILDREN
COMEDY
DESIRE
DISCOVERY
DRAMA
FAMILY
FATHER
FEMININITY
FLASHBACKS
FRIENDS
HUSBAND
JEWISH
JOSH
LGBT
LIVES
MARRIED
MAURA
MODERN
MORTON
MOTHER
PFEFFERMAN
PRODUCER
PROFESSOR
RABBI
RAQUEL
RETIRED
RITA
ROSE
SARAH
SHELLY
SIBLING
STREAMING
SYD
TAMMY
TROUBLED
WIFE

TRANSPARENT

H S I W E J O S H O Z D Y S
E F I W G N I L B I S X M F
H U S B A N D N R E D O M A
C R O S E V I L L E Q R A T
M O R T O N E T I W E A T H
A A M R Y U T R P C S B Y E
M R N E Q R R R U E K B L R
A U E A D A E D O F C I I E
R A R M M Y O V R U A C M T
D M D I S R S I O E B K A I
H T L N P A E H A C H L F R
A B I G L N W F E M S T E E
R G H I D D B A F L A I O D
A L C S D E S I R E L Z D M
S Y T I N I N I M E F Y O W
A T I R O S S E F O R P A N

Solution on Page 260

ADVENTURES
AUTONS
BBC
BEING
BOOKS
CAPALDI
CHAMELEON
CLASS
COMPANIONS
CYBERMEN
DALEKS
DIMENSION
DISGUISE
EARTH
ENEMIES
FORCES
GALLIFREY
HARKNESS
HARTNELL
HUMANS
INCARNATION
MONSTERS
PBS
POLICE BOX
RECASTING
RELAUNCH
SARAH JANE
SPACECRAFT
THE MASTER
TIME LORD
TIME TRAVEL
TORCHWOOD
WOMAN

L E G U W E S I U G S I D Y
S L L N Y D S R E T S N O M
S S E E I E R K P B S H O H
A P E N V T R O O N N T W C
L A H N T A S F L O R R H N
C C D U K R R A I E B A C U
N E S V M R A T C L M E R A
O C F A E A A H E E L I O L
I R A O R N N H B M R A T E
S A B P R A T S O A I U G R
N F B A A C H U X H B T N D
E T C U R L E J R C E O I A
M N A M O W D S A E L N E L
I C O M P A N I O N S S B E
D T E D R E T S A M E H T K
G C Y B E R M E N E M I E S

Solution on Page 260

ACQUISITION
ALGORITHM
APP
BERTRAM
BILLIONAIRE
BUSINESS
CEO
CHINA
CODER
COMPANY
CONTRACT
DATA
DEAL
DONALD
ENTREPRENEUR
ERLICH
FUNDED
GAVIN
HOOLI
INCUBATOR
INTERNET
INVESTOR
JACK
JOB
MEN
MIKE JUDGE
MONICA
NELSON
NETWORK
PARTNER
PIED PIPER
PRODUCTION
RECLUSIVE
RICHARD
RUSS
SHY
STANFORD
STARTUP
TECH
VENTURE

H F N P R O D U C T I O N U
C S E I N V E S T O R U S S
I T L E T E N R E T N I H F
L A S D A N M G A V I N Y U
R N O P P T D R A H C I R N
E F N I P U T R A T S H O D
Y O T P J R E C L U S I V E
N R U E N E R P E R T N E D
A D K R C S S E N I S U B H
P I L O O H D M S C O D E R
M J O B I L L I O N A I R E
O R O T A B U C N I D A T A
C H I N A Q E N E T W O R K
K W O E C O N T R A C T A C
K D E A L G O R I T H M M A
R E N T R A P M O N I C A J

Solution on Page 260

AFTERIMAGE

ATLANTA

BBC ONE

BETTER THINGS

CBS EVENING NEWS

CNN

CONFRONTING ISIS

ESPN

EXODUS

FORWARD MOVEMENT

FRONTLINE

FX PRODUCTIONS

GLOBAL PRODUCE

HAPPY VALLEY

HBO

HOOLIGAN SPARROW

HORACE AND PETE

HULU

INDEPENDENT LENS

ITVS

KNTV

LEMONADE

NORMAN LEAR

PBS

POV

TRAPPED

VEEP

WGBH

WTHR

2016 PEABODY AWARD WINNERS

D R B B C O N E S P N T E S
Z A E A T B C Y N U H N W N
G E T F R H O N E U I E O O
L L T T A E N M L L N M R I
O N E E P C F U T G U E R T
B A R R P X R N N K H V A C
A M T I E D O I E W A O P U
L R H M D R N K D X P M S D
P O I A F E T A N E P D N O
R N N G V D I T E T Y R A R
O U G E E A N N P C V A G P
D H S X E N G A E W A W I X
U B H O P O I L D T L R L F
C G I D O M S T N H L O O D
E W T U V E I A I R E F O H
J P B S F L S V T I Y G H X

Solution on Page 260

ADVERTISING
AFFAIR
AMAZON
BABY
BAFTA
BIRTHDAY
BRITISH
CAREER
CHARACTERS
CHRIS
COMEDY
DES
DINNER
DOCTOR
DRINKING
EMMY
FATHER
FERGAL
FINANCIAL
FIRED
FRAN
HONEYMOON
IRISH
JOB
MIA
MOTHER
PARENTS
PREGNANT
RELATIONSHIP
ROB
SCHOOL
STRESS
TEACHER
TOGETHER
WEDDING
WEEKEND
WEIGHT
WILD

CATASTROPHE

R E N N I D E W J E M M Y L
B E J S O W E D D I N G C Y
A O L C A E P R E G N A N T
B U T A K G I R I S H D G T
Y O A E T N O O M Y E N O H
R A N M K I S B R S R R S G
C D D I F S O E N E D I C I
P H N H E I H N H A T A H E
A G R R T T N C S I R F O W
R I T I E R A A R H N F O Y
E S N G S E I B N E I A L D
N I O O T V M B A C E P I E
T T B Y Z D L I W T I R I M
S R E T C A R A H C F A A O
L R E H T O M F E R G A L C
Y V D E R I F A T H E R B M

Solution on Page 261

BIG LOVE
BOXING
BROADCAST
CABLE
CHANNEL
CINEMAX
CLASSICS
COMEDY
CONCERTS
DEADWOOD
DOCUMENTARIES
ENLIGHTENED
FAMILY
FILMS
GIRLS
HBO NOW
LATINO
LUCK
ON DEMAND
ORIGINAL
PAY
SATELLITE
SERIES
SIGNATURE
SOPRANOS
SPORTS
TELEVISION
TIME WARNER
TREME
VEEP
WESTWORLD
ZONE

O X U L M W E S T W O R L D
R C L L S O N A R P O S N U
S E A K C U L Y D E M O C Q
A E N B O X I N G P I E P B
T M I R L N G L H S R V I C
E E G R A E H J I U W G L O
L R I S A W T V T X L A Y N
L T R P D T E A A O S T D C
I V O O P L N M V S M S E E
T E N R E G E E I E L A A R
E E I T I N D C M T I C D T
N P T S I X S R T U F D W S
O P A C L E N N A H C A O L
Z Z L Y D N A M E D N O O R
F A M I L Y X R X Q F R D I
S E I R E S G W O N O B H G

Solution on Page 261

AGENT
ANGRY
BETRAYAL
BITTER
BOSS
BROTHER
CLOWN
COSTCO
CRISIS
CRYSTAL
DALE
DREAMS
EASTER
EDDIE
FAILURE
FAMILY
FRENCH
FRIEND
HOME
HOPES
INJURY
JOB
JUGGALO
KIDS
LIVES
LOW PAY
MARRIED
MARTHA
MOTHER
NICOLE
PARIS
PENELOPE
RODEO
RUDE
SARAH
SCHOOL
STRIFE
TWIN
UNRAVEL
WIFE

K K R D D F Z M Z Q A U M W
M I U Y R U J N I S S M S I
E D D I E L O O H C S O I F
L N E S A J C A H H O T S E
A N W W M T O C R P B H I P
D D R O S K N B I T T E R U
V E P O L E N E P N K R C L
R I C J R C C T B I K R U I
L R A F S O W R F W E J N V
H R N R U Z O A Y T B U R E
B A G E N T I Y S S U G A S
S M R L H L L A A E T G V T
A I Y E U I E L N P H A E R
R S R R M R O D E O W L L I
A K E A H T R A M H M O T F
H F F H P X N E N I C O L E

Solution on Page 261

AMPLITUDE
ANTENNA
ASPECT RATIO
AUDIO
BRIGHTNESS
BROADCAST
CHROMINANCE
COLOR
COMPONENT
CRT
DEVICE
DIGITAL
DISPLAY
DVR
FLAT
HDTV
IMAGES
INDUCTOR
LCD
LED
MODULATE
PLASMA
POTENTIOMETER
RASTER
RCA
RECEPTION
RESONANCE
SPEAKER
SYSTEM
TECHNOLOGY
TRANSMISSION
TUBE
TUNER
WAVES

TV TECHNOLOGY

M T G E D T F L A T I G I D
E M P E Z T T A N T Z J P J
T Y L O D N S S T U U O Q B
S A A K E E E P E N T B R W
Y Y S X C N G E N E R O E A
S G M N N O A C N R A I S V
S O A O A P M T A D N D M E
E L M I N M I R C E S U O S
N O P T I O M A V V M A D P
T N L P M C S T C I I U U E
H H I E O T D I D C S L L A
G C T C R H F O K E S C A K
I E U E H Y A L P S I D T E
R T D R C E C N A N O S E R
B V E R R O T C U D N I M C
R D T R E T S A R O L O C A

Solution on Page 261

ARIANNE ZUCKER
BOYFRIEND
BRADY
BRODY HUTZLER
BROTHER
BRYAN DATTILO
DARIN BROOKS
DAUGHTER
DAYTIME
DEIDRE HALL
DOCTORS
DRAKE HOGESTYN
FAMILY
GOSSIP
HOSPITAL
JOHN
KATE
KYLE LOWDER
LAUREN KOSLOW
LOVE
PATRICK
PETER RECKELL
RELATIONSHIP
SISTER
SON
THAAO PENGHLIS
TONY
TRIALS
TRIBULATIONS

E M O S K O O R B N I R A D
V P R F M G B R Y D A R B L
O I E A J O R J T R I A L S
L H D M R S O O Q A S A S W
I S W I E S T H N K H I Y O
T N O L T I H N C E L S B L
T O L Y H P E I R H R I O S
A I E E G Z R D G O T S Y O
D T L R U T I N T G O T F K
N A Y C A E E C E E N E R N
A L K P D P O N O S Y R I E
Y E B R O D Y H U T Z L E R
R R K A T E M I T Y A D N U
B L A T I P S O H N K J D A
T H P E T E R R E C K E L L
T R I B U L A T I O N S F N

Solution on Page 262

AMAZING RACE
AMERICAN IDOL
BIG BROTHER
BIGGEST LOSER
CASH CAB
CONFESSIONALS
CONTESTS
COPS
COURT
DATING
DUCK DYNASTY
GENRE
GHOST HUNTERS
HOARDERS
INTERACTIONS
JACKASS
JUDGES
MASTERCHEF
PROJECT RUNWAY
STORAGE WARS
TALENT
THE APPRENTICE
THE VOICE
TRADING SPACES
WIPEOUT

REALITY SHOWS

F J E C I O V E H T C O P S
C O N F E S S I O N A L S E
P T G A C A F S A E M M N G
G R H A I M E R R L A S O D
E E O E T E H A D A Z E I U
N H S J N R C W E T I C T J
R T T W E I R E R S N A C L
E O H I R C E G S T G P A D
C R U P P A T A C S R S R A
A B N E P N S R O E A G E T
S G T O A I A O U T C N T I
H I E U E D M T R N E I N N
C B R T H O Y S T O W D I G
A V S L T L Y J A C K A S S
B I G G E S T L O S E R Y R
Y B D U C K D Y N A S T Y X

Solution on Page 262

AFFILIATES
ALF
CHEERS
CHICAGO MED
FACTS OF LIFE
FAMILY TIES
FIRST DATES
FRASIER
FRENCH OPEN
GOOD GIRLS
JAY LENO
LETTERMAN
MARLON
MATT LAUER
MEET THE PRESS
MUST SEE TV
OLDEST
PEACOCK
RCA
STANLEY CUP
SUPERSTORE
THE APPRENTICE
THE BRAVE
THIS IS US
TIMELESS
TODAY SHOW
TONIGHT SHOW
WINGS

F C T T S G O O D G I R L S
A H N I N A M R E T T E L T
M E D E M O G A C I H C M A
I E Y C P E C N G R I U A N
L R E I N O L R A M S R T L
Y S R T W W H E C T I E T E
T E O N T O T C S A S I L Y
I T T E F H H E N S U S A C
E A S R U S E S K E S A U U
S I R P M T B P Y G R R E P
G L E P V H R H R A F F R E
N I P A Q G A T S E D L O A
I F U E A I V N K V S O A C
W F S H O N E L Y A J S T O
F A C T S O F L I F E Z T C
P F I R S T D A T E S Q M K

Solution on Page 262

ANGER
BILLY JOEL
BROTHER
CASES
CBS
CHURCH
COLLEGE
DAUGHTER
DETECTIVE
DONNA
DUFFY
ENGAGED
FATHER
FRIENDS
GABLE
GOODY
HOME
ISSUES
JACK
KENDRA
KIDS
KYLE
MASSAPEQUA
MOTT
NEW BEAT
NEW YORK
NURSE
ODD JOBS
OFFICER
PARTNER
PASTOR
POLICE
SARA
SCHOOL
SITCOM
STUDENT
VANESSA
WEDDING
WIFE
WORK

G J F D U F F Y P Y O W Q Y
A F R E C I F F O A N N O D
B K I G B A S E U S S I L O
L E E A N I S B C K B T O O
E N N G T I L E Y K O G O G
A D D N E A D L S C J V H R
C R S E K L E D Y A D A C S
H A A I A V L B E J D U S I
U S D S N K R O W W O Q W T
R S D R E V I T C E T E D C
C E E E W F E S R U N P L O
H N N H Y R E T H G U A D M
D A M T O T N E D U T S W T
U V T A R E H T O R B S I O
O O E F K A N G E R G A F K
M E C I L O P G F H O M E G

Solution on Page 262

ACTOR
AUTHOR
AWARDS
BOOK
CAMPAIGN
CATHOLIC
CBS
COMEDIAN
COMEDY CENTRAL
CONGRESS
CORRESPONDENT
DAILY SHOW
DEADPAN
ELECTION
ENTERTAINER
EVELYN
FOOL
GUESTS
HOST
IMPROV
LATE SHOW
MUSICAL
NEWS
NORTHWESTERN
NYC
OPINION
PARODY
POLITICAL
PRESIDENT
PUNDIT
REPORTS
SARCASM
SATIRICAL
SEGMENTS
TALK SHOW

M U S N A P D A E D N E W S
L C J A O O P I N I O N T T
N A A L R I O P A W A R D S
R R R T I C T R I F O O L E
E E S T H M A C D P Z F K U
T N E D N O P S E R R O C G
S I G A M E L R M L O L S C
E A M I U A C I O B E A B A
W T E L S C Y Y C V T T C M
H R N Y I T N E D I S E R P
T E T S C O N G R E S S K A
R T S H A R X I K V M H W I
O N O O L A C I T I L O P G
N E H W T A L K S H O W C N
V E V E L Y N Y D O R A P T
S P U N D I T A U T H O R K

Solution on Page 263

ACTRESS
AFFAIR
AMBER
ARTHIE
AUDITIONS
BASH
BOXING
BRITANNICA
CAMEOS
CARMEN
COMEDY
CRYSTAL
DEBBIE
DRAMA
DUSTY SPUR
FEMALE
FLEDGLING
FLORIAN
GORGEOUS
GYM
JUNKCHAIN
KEITH
LADIES
MALLORY
MARK
MELROSE
MOTEL
NETFLIX
OVERACT
RING
ROSENBLATT
RUTH
SAM
SCAB
SHE WOLF
STRUGGLING
TRAINER
TRYOUTS
VICKY
WRESTLING

R U T H F E M A L E T D C D
M A L L O R Y E A S J R A E
Y C M A R K T F L T W A R B
G T B T F O F B F R R M M B
Y R H S M A A L E U O A E I
D E B Y I C O S P G S S N E
E S O R S R T S N G E S E I
M S X C I L Y I N L N N T H
O H I A I T L I T I B O F T
C E N N S G A C R N L I L R
A W G U D H A N E G A T I A
M O D E C R R I N G T I X M
E L L K E I T H I I T D F B
O F N V S E I D A L C U G E
S U O E G R O G R H S A B R
J Y K C I V P S T U O Y R T

Solution on Page 263

ACCLAIM
ACTOR
APARTMENT
AWARDS
CHRISTMAS
CULT
DATING
DEPORTED
DIVORCE
DONG
DRIVER
EMMY
FRIENDS
INDIANA
JOB
KIDNAPPED
KIMMY
LANDLADY
LAWYER
LIFE
LILLIAN
LOCKED UP
MIKEY
MOTHER
MOVING
NETFLIX
NYC
REDSKINS
RESTART
REVEREND
ROOMMATE
RUSS
SITCOM
STORE
STREAMING
THERAPIST
TINA FEY
TITUS
UBER
VICTIM

T N R H N E T F L I X A U S
S A E F I L N R N V R C A I
D I V O R C E A I E D C R T
N L I M C D M C V E T L U C
E L R I S H T E P O A A S O
I I D K D I R P R N I I S M
R L I E M E A I D I G M O K
F N L Y N N P L S N N V T I
S X O D D Y A O O T I A R M
D R C I M D C D R N M N A M
A E K M Y J O B G T A A T Y
T H E R A P I S T S E I S T
I T D E T A M M O O R D E I
N O U B Y E F A N I T N R T
G M P U V A W A R D S I Z U
R E Y W A L I M E R O T S S

Solution on Page 263

ABC
ANALYSIS
BASKET
BILLIONS
BROADCAST
BULLS
CBS
COLLEGE
CONTRACT
COVERAGE
DEAL
DEFENSE
DRAFT
ESPN
EXPENSIVE
FINALS
FORWARD
GAME
HALF
LEAGUE
LEBRON
NBA
NET
OFFENSE
PASS
POPULAR
POSITION
PROFESSIONAL
RATINGS
REBOUND
RIGHTS
SCORE
SUNS
TELEVISION
TIME
TRADITION
VIEWERS

BASKETBALL

S L L U B E B S C O R E V O
L A E D Z M K U S S B C I F
A A S T W I Z N N O R B E L
N S N O I T I S O P W A W A
I E G O T C A R T N O C E H
F X A N I T S F O R W A R D
E P O E I S R I G H T S S N
R E S G F T S A C D A O R B
F N I A C I A E D O B F D A
D S S R V O M R F I P A S S
R I Y E W A L F L O T G B K
A V L V G P E L P A R I F E
F E A O N N I U E D Q P O T
T S N C S O L E U G A E L N
R P A E N A T D E F E N S E
Y N X S R E B O U N D R J T

Solution on Page 263

ATTORNEY
BOAT
BROTHER
BUS
DANNY
DARK
DEA
DRAMA
DYSFUNCTIONAL
ERIC
FATE
FRONT
HOUSE
INN
JOB
KESSLER
KYLE CHANDLER
LAW
LOWRY
MEG
MOTHER
NARRATION
NETFLIX
PARENTS
PAST
PIER
POLICE
ROBERT
SALLY
SARAH
SEAHORSE
SECRETS
SMUGGLE
STROKE
TEENAGE
THRILLER
ZELMAN

BLOODLINE

R E L L I R H T P L B T G E
E K J U Y U C D K A U C H C
L A N O I T C N U F S Y D I
D A M A R D S E C R E T S R
N A R R A T I O N N W T D E
A I N N Q W P A R E N T S P
H V N S S A M O L O E U O I
C Y S A H L T G R E O L R E
E O L E E T G F N H I E O R
L L I Z A U A A O C H W K F
Y K K T M H G N E T F L I X
K A R S R E O M O T H E R D
L I E A G E M R E L S S E K
I B E R D L B J S T R O K E
E D T A O B B O J E T A F Z
S N V H S L O W R Y W B Q S

Solution on Page 264

ACTRESS
ALFRED
AWKWARD
BABY
BERNADETTE
BEVERLY
CALTECH
COLLEAGUES
COUPLE
DATE
ELEVATOR
GEOLOGIST
GIRLFRIENDS
HOFSTADTER
HYPOCHONDRIAC
INDIAN
JAIL
JOHNNY GALECKI
KALEY CUOCO
KUNAL NAYYAR
LAB
LEONARD
MARRIED
MATH
MAYIM BIALIK
MOVIES
OMAHA
PENNY
PROJECT
RAJ
SIMON HELBERG
SMART
VIDEO GAMES

J H O F S T A D T E R A J F
M O V I E S H C E T L A C P
T R A M S H G M A T H W S E
J O H N N Y G A L E C K I N
M V G E L P U O C D R W M N
A V I W A O R O M A H A O Y
Y C R D D C I O Y N R R N L
I O L L E H T Y J R W D H R
M L F E R O A R I E T R E E
B L R O F N G E E B C O L V
I E I N L D D A A S E T B E
A A E A A R S B M T S A E B
L G N R J I Y X A E D V R A
I U D D N A I D N I S E G L
K E S K O C O U C Y E L A K
T S I G O L O E G P L E I M

Solution on Page 264

WCCB
WCET
WCIA
WCLF
WCML
WCPB
WCSH
WCTE
WCVI
WCWF
WEAO
WEDH
WGNM
WGPT
WGSA
WGTQ
WGVK
WGXA
WIS
WKCF
WKEF
WKHA
WMVS
WMYA
WOFL
WOGX
WOIO
WUAB
WUFT
WWLP
WWPB
WWSB
WWTI
WYBE
WYCC
WYDC
WYFF
WYIN
WYOU
WYTV

W CALL SIGNS

W C Y W B Q W N H Y S R K V
A M O K S G Y F L B C V B X
Z D H W W T I H D C A Y M W
F A Q V W O N J Y E L U T W
T S R Q T P G W G N M E W E
J G F G F R U X F L C W A D
T D Z V X M Q T G W W I P H
L L Y Z B G O A C C C W S K
D Q G E O P L W W W L C I O
O E L W B I W K G F W V B M
L S S H Y Y O W O X E I P K
P X I L D O W W G S A P C V
A U W C M P U Y K V O W W O
I V P Y B F J F P H K O C E
W A H V T C A F T C A M T H
V X U M B V Y W F E K W E K

Solution on Page 264

ABC
ACCLAIM
ATHLETIC
AXL
BOB
BRICK
BROTHER
CHILDREN
COMEDY
DENTAL
EHLERT
EMPLOYEE
FAMILY
FIRED
FOOTBALL
FRANKIE
FRIENDS
GRADUATE
HECK
HOME
HUSBAND
INDIANA
JOB
KIDS
LIFE
MANAGER
MIKE
MOTHER
NARRATED
ORSON
QUARRY
SALES
SCHOOL
SITCOM
SOCIAL
SUE
TEEN
WIFE
WORK
YOUNGER

E Z D E U H U S B A N D U Y
W O R K H G D J O S A L E S
A N A I D N I R C K C E H Q
L W N M E E S I C L Y M R U
W L A I U O T I H O M E E A
S W R S N E R D L I H C H R
I F R C L B C P G N E E T R
T G A H R L M R E G N U O Y
C R T O N E A C C L A I M D
O A E O P D H B O B B F A E
M X D L U K E T T G C Z N M
S L L A H J D N O O J G A O
Z D T L I E V E T R O C G C
Y E I K N A R F R A B F E B
T F K K W B F A M I L Y R M
E B L A I C O S W I F E V L

Solution on Page 264

BIG LOVE
BOSS
BREAKING BAD
DAMAGES
DEXTER
DOWNTON ABBEY
EMPIRE
GAME OF THRONES
GOOD WIFE
HEROES
HOUSE
IN TREATMENT
JEFFREY TAMBOR
LOST
LOUIE ANDERSON
MAD MEN
MAGGIE SMITH
MASLANY
MASTERS OF SEX
RAMI MALEK
REGINA KING
ROME
STRANGER THINGS
THE NEWSROOM
THIS IS US
VEEP
WEST WING

AWARD-WINNING TELEVISION

N U D A B G N I K A E R B R
G O M O O R S W E N E H T A
B A S B W T H I S I S U S M
H J M R D N B E T S O L Y I
T M E E E A T Y R H W B N M
N A A F O D M O A O P O A A
E G G D F F N A N V E S L L
M G O N M R T A G A T S S E
T I O B I E E H E E B I A K
A E D I N K N Y R I S B M E
E S W G P Y A S T O U U E D
R M I L W E O N H A N O O Y
T I F O S F E R I P M E L H
N T E V S D N V N G X B S V
I H D E X T E R G B E M O R
O G X G N I W T S E W R H R

Solution on Page 265

ACTOR
ALAN YANG
ARNOLD
AUDITION
AWARDS
AZIZ ANSARI
BENJAMIN
BRIAN
COMEDY
COMMERCIAL
CULINARY
CULTURAL
DATE
DENISE
DEV SHAH
DRAMA
EATING
EXPERIENCES
FRANCESCA
FRIENDSHIP
GAY
IMMIGRANTS
INDIAN
LESBIAN
NASHVILLE
NETFLIX
NYC
PARTY
PASTA
PROFESSIONAL
RACHEL
RELATIONSHIP
ROMANTIC
STREAMING
WEDDING
WORK

X J I C U L T U R A L C Y N
I D R E L A T I O N S H I P
L L A X C N A S H V I L L E
F O S P U O Y S D C D Y W S
T N N E L I R W O R K A S I
E R A R I S O M A N A G T N
N A Z I N S M M Q O A W N E
A L I E A E A S F I H I A D
I A Z N R F N T R T A L R Q
B N A C Y O T R A I H E G B
S Y I E F R I E N D S H I P
E A T S A P C A C U V C M A
L N A I D N I M E A E A M R
P G N I T A E I S A D R I T
B E N J A M I N C O M E D Y
U W E D D I N G A C T O R G

Solution on Page 265

APARTMENT
AUDITIONS
BENEFIT
BEST
BRAVO
BUDGET
CHEFS
COMPETING
COOK
COURSES
CULINARY
DINERS
DISH
EXECUTE
FOOD
GROCERY
HANDS UP
HOST
HOUSE
IMMUNITY
INSPIRING
JUDGED
KNIVES
LEADER
LOSER
MEAL
PANEL
PREPARE
PRIZE
QUICKFIRE
RACE
REALITY
REWARDS
SHOPPING
SPINOFFS
TABLE
TASKS
THEMES
VOTE
WINE

B L E S Q B P A N E L B A T
U E T X F R E W A R D S K Y
D A O A E F E S I W K A T F
G D V P P C O J T S U I X O
E E A K A A U N A D L W I O
T R R R O D R T I A R M L D
E I B O G N I T E P M O C L
Z Q F E D Q I R M U S N H B
I T D E I O U D N E E A D Z
R A C I N S P I R I N G Y U
P Y O S E E T S C D I T R M
H S U D R Y B H S K W B E G
O F R Z S E S U O H F A C V
S E S H O P P I N G L I O H
T H E M E S C U L I N A R Y
J C S E V I N K O O C F G E

Solution on Page 265

ARTHUR
BARNEY
BILL MOYERS
CAILLOU
CHARLIE ROSE
CLIFFORD
CORPORATION
DOCUMENTARY
DRAGON TALES
ENTERTAINMENT
FAMILY
FRONTLINE
GOVERNMENT
GRANTS
HISTORY
MASTERPIECE
MISTER ROGERS
NATIONAL
NATURE
NOVA
RADIO
SESAME STREET
SHOWS
STATIONS
TAVIS SMILEY
TELETHON
TELEVISION
WGBH

Y S T A T I O N S Y C L T T
R Q Y E N R A B Q K L I N A
A N S R E Y O M L L I B E V
T V N V M R W G B H F F M I
N M O O N A T U R E F A N S
E A I N I F W S A M O M R S
M S N S A T R S E Z R I E M
U T O A T T A O T M D L V I
C E I R R E I R N N A Y O L
O R S T E L R O O T A S G E
D P I H T I H R N P L R E Y
S I V U N T L O O A R I G S
H E E R E Q G R I G L O N V
O C L L H A P C A D E O C E
W E E Y R O T S I H A R Z O
S T T D U O L L I A C R S S

Solution on Page 265

ACTION
ADOPT
ADVENTURE
ALEX
ALIENS
ALLIES
AUNT
BENOIST
BOSS
CATCO
CBS
COSTUME
COUSIN
CRIMINALS
DATING
DAXAM
DC COMICS
DEO
ENEMY
FAMILY
FEUDS
FRIENDS
GUARD
JUDGE
KARA
KRYPTON
LENA
LUTHOR
MAGGIE
MARTIAN
PLANET
POLICE
POWERS
PRINCE
SECRETS
SISTER
TECH
THE CW
TRUTH
WINN

C G M D T R U T H C E T D M
A R A K E U P S S O B A J W
P G S Z R O O M T I N U U E
O I A D D Y A C R E S N D C
W N S A N G P P T F N T G N
E L N T G E Y T A A C A E I
R T E I S C I M O C C D L R
S S E N W S I R E N L V N P
E D N G A L N X F N D E I O
I M U E Y A L E X A E N S L
L D U E I B E N O I S T U I
L A D T F L U T H O R U O C
A X R H S L A N I M I R C E
E A A E B O S T E R C E S M
M M U C C A C T I O N R N L
U R G W V H T S L W N G M Q

Solution on Page 266

ADVENTURE
BAR
BOSS
BROOKE
CBS
CHICAGO
CITY
CLARK
DATE
DAUGHTER
EDDIE
EMMA
ESTHER
EXPERT
EXPLORING
FIELD
FOUNDER
FRIEND
GEN X
HIPSTER
INDOORS
JACK
JOB
MAGAZINE
MASON
NERD
ONLINE
PAUL
PUBLISH
RACHEL
REPORTER
ROLAND
SITCOM
STORIES
SURVIVING
TEAM
TECH
TRAVEL
WEB
WRITE

THE GREAT INDOORS

D N A L O R E T S P I H Y N
M B U A M M E U J E U Q F H
R A B G N I R O L P X E R Z
P G E S C V U S W R I T E T
B F S T I J T S T D J N P R
S O S V T D N T D O I B O E
B U I G Y E E E B Z R Q R P
C N T U K C V J A C K I T X
G D C O H D D G U Y N Z E E
F E O H O T A I N D O O R S
D R M R S M R U V R S Y A T
B L I C H I C A G O A N C H
A F E E N X L L V H M G H E
O N L I N E Q B A E T B E R
D A T E F D R A U R L E L W
B R G Y F W L D C P K W R H

Solution on Page 266

ABC
ANALOG
ANTENNA
BAIRD
BONANZA
BRAUN
BROADCAST
CAMERA
CBS
CHANNELS
COLOR
CRT
DISPLAY
FARNSWORTH
FCC
GUNSMOKE
HDTV
I LOVE LUCY
LIVE
MONOCHROME
NBC
NETWORK
NTSC
PROGRAM
RAYS
RCA
SEINFELD
SOUND
STATION
TRANSMIT
TUBE
VHF
VIDEO

D I K S E K O M S N U G V M
P W Y D D N U O S E R I K I
A A L I V E F N T S C B A K
R N V S H P R O G R A M O W
E N A P T S A C D A O R B F
M E S L V T D H P A T Y O G
A Z L A O H D R C T C B N Q
C D E Y N G F O D U H Y A Q
V T N G E N L M L B Q T N F
Z F N P L O E E E E R N Z P
A B A I R D V T F A E A A E
Z S H T R O W S N R A F U P
F C C F L E O S I A C R I N
U B X I O D M N E T W O R K
S S T A T I O N S A F Z M W
H D C R T V T P C J D Q F T

Solution on Page 266

ABC
ACCUSER
ANNE
ANTHOLOGY
ASSAULT
BARB
BASKETBALL
CALIFORNIA
CAPTAINS
CLAIR
COACH
CRIME
DAN
DEPUTY
DETECTIVE
DRAMA
DRUGS
EMMY
FARM
GIRLFRIEND
HOME INVASION
INCIDENT
INDIANA
JEANETTE
LEGAL
LESLIE
MEXICO
NICHOLAS
NORTH CAROLINA
ONLINE
POSTING
PRINCIPAL
RUSS
SCHOOL
TEAM
TOM
TRIAL
VETERAN
VICTIM
WITNESS

C O A C H A N T H O L O G Y
P S S U R T O M J C E I E T
O A S E M I R C E A S D M U
S B A S K E T B A L L N M P
T C U S N V H C N I I E Y E
I A L E A I C A E F E I T D
N N T N M T A P T O A R N I
G A C T A C R T T R C F I P
M I Y I R E O A E N C L C R
E D I W D T L I M I U R H I
X N H O M E I N V A S I O N
I I C B N D N S D G E G L C
C L A I R T A T U A R T A I
O R L V E T E R A N N E S P
B N M R A F D V I C T I M A
O L A G E L W Q S C H O O L

Solution on Page 266

AGUILERA
ALLEN
ANISTON
BANKS
BARKER
BLEDEL
CAREY
CLARKE
COX
CRYER
CYRUS
DINKLAGE
GALECKI
GRAHAM
GRAMMER
HEADEY
HELBERG
HUNT
KUDROW
KUTCHER
LAUER
LEBLANC
LEVINE
LOPEZ
MINAJ
NAYYAR
PARSONS
PERRY
REEDUS
REISER
RICHARDS
ROMANO
SEACREST
SEINFELD
SHAKIRA
SHEEN
SPEARS
STEFANI
VIEIRA
WALTERS

TV STARS

S R A E P S C N A L B E L Y
R E E D U S N O S R A P J R
O I S L W A L T E R S A Z R
M S T E T T L S B A N K S E
A E E F A E O I O I A U H P
N R F N V C G N M D R D A T
O W A I S D R A H C I R K N
Z U N E R R A E O A E O I U
E E I S E Q H X S L I W R H
P C C K H S A F I T V Y A N
O L R Y C M M U F N E L L A
L A N E T E G A L K N I D Y
B R E D U A L E D E L B E Y
H K E A K G R A M M E R Q A
T E H E L B E R G L A U E R
P G S H W S U R Y C R Y E R

Solution on Page 267

ABC
ADOPT
ADULT
ALEX
AWARDS
CAMERON
CHILDREN
CLAIRE
COLOMBIAN
COOL
EMMY
FAMILIES
GIRL
GOLDEN GLOBE
HUSBAND
JAY
LAWYER
LILY
LOS ANGELES
LUKE
MANNY
MITCHELL
NERDY
NUCLEAR
PATRIARCH
PHIL
PRITCHETT
REALTOR
REMARRIED
RENEWED
SITCOM
SITUATIONS
SON
SPOUSES
STEPFAMILY
SUCCESS
TALKING
TEENAGE
VIETNAMESE
WIFE

Y	N	N	A	M	W	I	F	E	K	U	L	G	C
D	D	E	W	E	N	E	R	D	Y	A	J	N	E
G	N	I	K	L	A	T	R	E	A	L	T	O	R
B	A	S	T	E	P	F	A	M	I	L	Y	R	I
L	B	G	O	L	D	E	N	G	L	O	B	E	A
I	S	I	T	U	A	T	I	O	N	S	Q	M	L
H	U	I	H	C	R	A	I	R	T	A	P	A	C
P	H	N	C	H	I	L	D	R	E	N	L	C	B
S	R	A	E	L	C	U	N	O	S	G	S	E	A
S	V	I	E	T	N	A	M	E	S	E	E	G	X
E	Y	B	T	H	R	E	Y	W	A	L	I	A	A
C	A	M	O	C	T	I	S	G	O	E	L	N	W
C	D	O	M	Z	H	Y	L	I	L	S	I	E	A
U	O	L	W	E	D	E	I	R	R	A	M	E	R
S	P	O	U	S	E	S	T	L	U	D	A	T	D
M	T	C	L	L	E	H	C	T	I	M	F	A	S

Solution on Page 267

ACTOR
AGENT
ANTHOLOGY
BABY JANE
BATTLES
BETTE
COSTARS
CRAWFORD
DAUGHTER
DAVIS
DIRECTORS
DOCUMENTARY
EVENTS
GARY MERRILL
GREGORY PECK
HARRIET
HEDDA HOPPER
JOAN
KATHY BATES
LANGE
LEE REMICK
MAMACITA
MARTY
OSCAR
PARAMOUR
PATTY DUKE
PRODUCER
RIP TORN
RYAN MURPHY
SARANDON
VICTOR BUONO
WARNER
WIFE

T N E G A K C I M E R E E L
J K C E P Y R O G E R G N S
S R U O M A R A P U A N A E
R E C U D O R P S R J A J L
A N T H O L O G Y R C L Y T
T R P O Y H S M S Y R Y B T
S A E T A T E R E A A R A A
O W R D N R O H T N W A B B
C A D E R T M A A M F T N E
M E V I C T O R B U O N O T
H E L E F I W R Y R R E D T
I L R O T C A I H P D M N E
O I O S C A R E T H G U A D
D M A M A C I T A Y V C R V
D P A T T Y D U K E J O A N
R I P T O R N S I V A D S V

Solution on Page 267

A TO Z
BARNEY MILLER
CHARACTERS
COMEDY
COMMUNITY
DISJOINTED
DOG WITH A BLOG
EPISODE
FULLER HOUSE
FUTURAMA
GENRE
GLEE
HENRY DANGER
LAB RATS
LOUIE
MOM
NEW GIRL
NEWHART
NEWSRADIO
RED DWARF
SERIES
THAT GIRL
THE GOLDBERGS
THE MUNSTERS
THE ODD COUPLE
THE OFFICE
THE THUNDERMANS
VEEP
WORKAHOLICS

G V E E P N E W S R A D I O
K L M U S R E T C A R A H C
R N E W H A R T I S X D Z O
E R N E G Z I H L T F I T M
L O U I E W O E O A U S H E
L R I G T A H T H R L J E D
I D O G W I T H A B L O G Y
M S E R I E S U K A E I O E
Y L R I G W E N R L R N L C
E L P U O C D D O E H T D I
N E D O S I P E W M O E B F
R R E D D W A R F O U D E F
A F U T U R A M A M S Y R O
B H E N R Y D A N G E R G E
Y W C O M M U N I T Y K S H
A H M S R E T S N U M E H T

Solution on Page 267

ACTION
AMBULANCE
ARSON
BATTALION
CANDIDATE
CFD
CHAUFFEUR
CHIEF
CITY
CLINIC
DANGER
DEATH
DOCTOR
DRAMA
FIREHOUSE
FRIENDS
GABBY
HALLIE
JOB
LOYALTY
MATTHEW
MOUCH
MURDER
NBC
OTIS
PETER
PROTECT
RESCUE
RISK
SAVE
SEVERIDE
SHAY
SQUAD
STRESSFUL
SYLVIE
TRAP
TRUCK
UNION
WORKING

T G V R M L U T D Q S E K G
R O C E V A S D N E I R F C
A L U F S S E R T S H A Y H
P Y N O I T C A J S Q U A D
E P D F A B D E A T H L Y D
T R R G N I K R O W L T O E
E O A O D K C I N I L C A S
R T M N B Y C E E A T M N U
O E A H O T D U Y O B U O O
E C G T J I M O R U D R I H
I T I N R C L O L T D D N E
V S G E A C H A U F F E U R
L M V R H D N A T C C R A I
Y E S I Q C M A T T H E W F
S O E S E U C S E R A C Y Y
N F O K Q X U T G A B B Y U

Solution on Page 268

ADMINISTRATIVE
ARTIST
ASSISTANT
ASSOCIATE
BOOM
CAMERA
CASTING
CHYRON
CONTROL ROOM
COORDINATOR
COSTUME
DESIGNER
DIRECTOR
DOLLY
EDITOR
EXECUTIVE
FINANCIAL
GAFFER
GALLERY
GRIP
LEGAL
LIGHTING
LOCATION
MANAGER
OPERATOR
PRODUCER
PUBLICIST
SET
SOUND
STUNTS
TECHNICAL
TECHNOLOGICAL

TV CREW

S O L A C I N H C E T E S D
O P O G G K E A O T S D A R
U E C A E K M S N S T E X E
N R A F L L U S T I U S V C
D A T F A A T O R T N I L U
N T I E C I S C O R T G Y D
O O O R I C O I L A S N R O
R R N L G N C A R S I E E R
Y O Y I O A A T O S C R L P
H T L G L N S E O I I O L M
C C L H O I T G M S L T A A
A E O T N F I R O T B I G N
M R D I H M N I O A U D E A
E I M N C N G P B N P E L G
R D R G E X E C U T I V E E
A Q R O T A N I D R O O C R

Solution on Page 268

AGENT
AMERICA
ATTACK
BERLIN
BIPOLAR
BRODY
CARRIE
CHRIS
CIA
DANA
DAVID
DEFECTION
GANSA
GORDON
HAQQANI
HRACH TITIZIAN
IBRAHIM
JESSICA
LEWIS
MARINE
MATHISON
OFFICER
PRISONER
PROBATION
RUPERT FRIEND
SAUL
SECURITY
SERGEANT
SHOWTIME
SNIPER
SURVEILLANCE
VIRGIL
WAR

B T K M A R I N E D A V I D
I B R A H I M A T H I S O N
P R I S O N E R S T M U H I
O R D Y T I R U C E S R P L
L E W I S N I P E R A V F R
A T N A E G R E S C O E N E
R O F F I C E R H N W I W B
A A D E F E C T I O N L V R
W M J J E D I F S I O L I O
H E E D M T E R I T D A R D
A R S A I W I I R A R N G Y
Q I S Z T T R E H B O C I G
Q C I K W T R N C O G E L D
A A C B O J A D T R X C I A
N S A U H P C C Y P F V S N
I G A N S A U L K T N E G A

Solution on Page 268

ACTION
BANDWIDTH
BIOGRAPHIES
BLOCKBUSTERS
COMPUTER
CONTENT
CONVENIENT
DISCS
DOWNLOAD
DVD
EDUCATIONAL
ENTERTAINMENT
FEE
FILM
FITNESS
FOREIGN
HASTINGS
INSTANT
INTERNATIONAL
MAIL
MEDIA
MEMBERSHIP
ONLINE
ORIGINALS
PRODUCTION
QUEUE
RANDOLPH
RENTAL
SELECT
SHOWS
STREAMING
TELEVISION
VIDEO

N E P O T N E I N E V N O C
B G S R R V D O W N L O A D
T L I T O I N O I T C A M I
T C O E R D G F E E D I E S
I C O C R E U I I R V D M C
L S E M K O A C N T D E B S
N A E L P B F M T A N M E D
H O N I E U U I I I L E R I
C P I O H S T S L N O S S N
O O L S I P G E T M G N H S
L A N O I T A N R E T N I T
J S O T D V A R I N R I P A
Q U E U E N E C G T M S O N
S W O H S N A L U O S A T T
R E N T A L T R E D I A I Y
B A N D W I D T H T E B H L

Solution on Page 268

AMC
ASSISTANT
ATTORNEY
BETSY
CABLE
CARTEL
CHUCK
CLIENT
COP
CRAIG
CRIME
DETECTIVE
DOCTOR
DRUGS
EMBEZZLEMENT
EXECUTIVE
FAST FOOD
FRIEND
GRANDDAUGHTER
HENCHMAN
HOWARD
JIMMY
JOB
KETTLEMAN
KIM
LAW
LEGAL
METH
MIKE
NACHO
PARTNER
RICK
SECURITY
STACEY
STUDENT
UNDERWORLD
VINCE GILLIGAN

Y Y E C A T S N A C H O G C
M F U Y S T E B H C R I M E
M R Y N U U J H F W X A D V
I I R D D O O F T S A F L I
J E E M B E Z Z L E M E N T
U N T A G V R Q N I M A A U
T D H Y D I L W K A T K M C
O E G T O T A E O T O C E E
H K U I C C W R O R B I L X
E C A R T E L R C F L R T E
N U D U O T N E I L C D T L
C H D C R E N T R A P N E B
H C N E Y D R U G S B T K A
M C A S S I S T A N T X I C
A D R A W O H L E G A L M O
N A G I L L I G E C N I V P

Solution on Page 269

ADULT SWIM
ADVERTISING
ANALOG
ANIMAL PLANET
BANDWIDTH
BASIC
BILLING
BOOMERANG
BRAVO
BROADBAND
CARTOONS
COMEDY CENTRAL
DIGITAL
DOCUMENTARY
ENTERTAINMENT
GUIDE
INFOMERCIALS
LOCAL
NETWORK
NICKELODEON
PROGRAMMING
SCIENCE
SERIES
SHOWTIME
SOAPNET
TBS
TEENNICK
THE CW

G G X B R O A D B A N D B M
N N G N I M M A R G O R P F
A I I N F O M E R C I A L S
R L L S V C C L U W O A E M
E L A A I N A M G B R N R I
M I R S E T E K A T T D C W
O B A I I N R N N E H S A S
O B C G T O D E R X E H R T
B S I A W W C T V A C O T L
G D R T I Y A P N D W W O U
U Y E D D I I A Q W A T O D
I N T E N A L P L A M I N A
D H M M L O C A L V Q M S D
E O E F G K C I N N E E T U
C N I C K E L O D E O N W N
T E N P A O S E R I E S B T

Solution on Page 269

BEAT
CASES
CBS
COP
DAUGHTER
DEPUTY
DETECTIVE
DINNER
DIVORCED
DRAMA
DUTY
EDDIE
ERIN
ER NURSE
FAMILY
FATHER
FBI
FRANK
GARRETT
HENRY
ISSUES
JACK
JAMIE
JOE
LEGAL
LINDA
MARIA
MURDERED
NICKY
NYC
OFFICE
PARTNERS
POLICE
REAGAN
SEAN
SID
SON
SUNDAY
TABLE
WORK

G I D U T Y U I H A W W M B
T T B I O A F V B K F H A K
V H J A S F B Q Y F I S R E
E J A M I E F L W A M O I W
K L C A Z H I I E T W D A M
H E N R Y M P O C H D K T U
B G J D A U G H T E R T Y R
C A D F J P J A T R E T I D
C L I R P A A E S R U N R E
Y H V A O R C R R P I L E R
N H O N L T K A E S Y I N E
I I R K I N G D S A B N N D
R Y C V C E V U D E G D I Y
E B E K E R E N A T S A D B
S O D C Y S U T M S E A N J
F U J N O S V P K B L N S C

Solution on Page 269

AIRPLANE
AREAS
BOAT
BUDGET
CBS
CHALLENGES
CLUES
COMPETITION
CREDIT CARD
DETOURS
ELIMINATED
ENVELOPES
FAST FORWARD
FOREIGN
HAZARD
HOST
INFO
INTERSECTIONS
LEGS
LOCALS
NAVIGATE
PENALIZED
PHYSICAL
PIT STOP
PRIZE
PURCHASE
RACE
REALITY
RECOVER
ROADBLOCKS
SPEED BUMP
SWITCHBACK
TACTICS
TEAMS
WORLD
YIELDS

P R I Z E N V E L O P E S D
R A C E W F O R E I G N K L
E N O I T I T E P M O C C R
C A D R A Z A H N I S N O O
O H R R H O S T T R A S L W
V D A E A L D C U V S W B T
E E W L A C E O I B E I D A
R Z R C L S T G C U N T A C
P I O T R E A I S D A C O T
H L F E D T N P D G L H R I
Y A T A E F I G G E P B E C
S N S M O T M R E T R A A S
I E A S S F I G Y S I C L T
C P F T S D L E I Y A K I A
A O O S P E E D B U M P T O
L P U R C H A S E U L C Y B

Solution on Page 269

ABC
ACTION
ANALYSIS
ANCHORS
AUDIENCE
BREAKING
BULLETIN
CAMERA
CHARTS
CNN
CUTS
EVENTS
FLASHES
FOOTAGE
FOX NEWS
GRAPHICS
IMAGE
ISSUES
LIVE
MAJOR
MAPS
MEDIA
NBC
PICTURES
PRODUCER
PUBLISHED
READER
REPORTS
SCRIPTS
SEEN
SEGMENT
SHOCK
SOUNDS
SPORTS
UPDATES
VIDEO
VIEWERS
VISUAL
WEATHER
WORLD

D T E V E N T S S I M A G E
S E G M E N T R C H A R T S
E R W I S S U E S V A E M O
H G O E D I V W S P V H A U
S S R H N I E E H J B T J N
A W L E C N E I D U A A O D
L P D B X N C V L N B E R S
F I N O A S A L A B C W E J
R C F O T I E L R B S N P D
E T T U D T Y E G A T O O F
C U C E I S A T F R P I R V
U R M N I K L I V E I T T I
D E H S I L B U P D R C S S
O S Y N H A R E M A C A P U
R I G F U P D A T E S V A A
P B K C O H S P O R T S M L

Solution on Page 270

BEMIDJI
BUTCHER
CHIEF
COMMUNITY
CRIME
DANSON
DEATHS
DEPUTY
DINER
DULUTH
EMMY
FAMILY
FICTION
GERHARDT
HANK
HAWLEY
HOMICIDE
HUSBAND
LOU
LUVERNE
MATRIARCH
MOLLY
MONEY
MURDERS
NIKKI
OFFICER
PAROLEE
PEGGY
POLICE
PROBATION
RAY
RYE
SALESMAN
SHADY
STAMP
STEAL
THORNTON
TROOPER
VIOLENCE
YURI

S T E A L M G S R S T A M P
H O Z O L N R E P O O R T E
C H U T F O N V F E T D U G
R O C D F I A F I I R U Y G
I M H R D T I J H A W L E Y
M I I A A C D N A B S U H L
E C E H E I K K I N S T M L
N I F R M F R K Y D A H S O
R D A E G N O T N R O H T M
E E B G N O I T A B O R P G
V E H M O N E Y M M E Y V Y
U C X C U D A N S O N E B T
L I P M T E C N E L O I V U
M L M K I U E E L O R A P P
X O K N A H B F A M I L Y E
C P M U R D E R S H T A E D

Solution on Page 270

ABBOTT
ARROGANT
ASHLEY
BELL
BILLY
BROOKS
CASINO
CASSIE
CBS
COMPETITION
DAYTIME
DRAMA
ESTHER
FAMILY
FEUD
FOSTER
GENOA CITY
GRACE
JACK
JILL
KATHERINE
KYLE
LILY
MARIAH
NEWMANS
NICHOLAS
PHYLLIS
POOR
RATINGS
RELATIONSHIPS
SAGA
SHARON
SOAP
TOWN
WEALTHY
WINTERS
WISCONSIN
YOUTH

R E H T S E P V V F D H L L
O E H A I R A M T O W N L I
O A L F Q D A Y T I M E I L
P K C A J S Y T S D B W J Y
A W B M T H A C I B R M J E
O I A I T I O L A N C A A G
S N G L L N O S O S G N M R
G T A Y S L B N H H S S S A
K E S I T R Y X S A C I R C
W R N F O S T E R H R I E E
O S C O M P E T I T I O N G
N V K I A B B O T T E P N W
I S P I Y C P H Y L L I S B
S K Y L E N I R E H T A K I
A R R O G A N T D U E F Q V
C L L A S H L E Y O U T H W

Solution on Page 270

AGREEMENT
ASPIRING
BRUTAL
BURNETT
BUSINESS
CHOOSE
CHRIS SACCA
CONCEPT
CONTESTANTS
CORCORAN
DEAL
DECISIONS
DRAMA
FINANCIAL
GUEST
INVENTOR
INVESTORS
KEVIN
MARK CUBAN
MEETINGS
MODEL
OPT OUT
PANEL
POTENTIAL
PRODUCT
PROFIT
PUBLICITY
REALITY
SAVVY
SEEKING
SEGMENT
TYCOONS
VENTURE
VETTING

N C M P S U A S P I R I N G
L H O A R V C O R C O R A N
S O D N O S C P O Y B D M I
S O E E T S A T F V R E A K
N S L L S E S O I V U C R E
O E Y A E N S U T A T I D E
O F T I V I I T M S A S I S
C C I T N S R G A G L I V E
Y H C N I U H U R N T O E G
T T I E A B C E K I T N T M
C P L T L N E S C T E S T E
U E B O A M C T U E N K I N
D C U P E G D I B E R E N T
O N P N D L Q T A M U V G R
R O T N E V N I N L B I K N
P C Y T I L A E R U T N E V

Solution on Page 270

ANDROID
ANGELA
BERNARD
BOARD
CHARLOTTE
CHARMING
CRICHTON
DIRECTOR
DOLORES
DRAMA
EL LAZO
ELSIE
FOUNDER
FRONTIER
GANG
GRACE
GUESTS
HBO
HECTOR
HOSTS
HUMAN
LEE
LISA JOY
MADAM
MAEVE
MONITOR
NEWCOMERS
NOLAN
OUTLAW
PETER
ROBERT
SAFETY
SECURITY
SOFTWARE
SURVIVAL
THERESA
VISITOR
WESTERN
WILD WEST
WILLIAM

A L E G N A M U H E I S L E
V G S T S E U G E O N N L E
M A D A M F W H C B R O A L
G N I M R A H C T H E T V F
B G R R O T I N O M T H I O
O B E R N A R D R M S C V U
A O C H A R L O T T E I R N
M A T T H E R E S A W R U D
A R O M A I L L I W D C S E
R D R G M T O Z A L L E R R
D I O R D N A O S R I A O N
L I S A J O Y D U A W E B O
G S E C U R I T Y T F V E L
P E T E R F L Z F L L E R A
H O S T S E R O L O D A T N
F D R O T I S I V K W M W Y

Solution on Page 271

ABC
AMC
ANSARI
BASKETS
BLOODLINE
CBS
COMEDY CENTRAL
FARGO
FOX
HBO
JILL SOLOWAY
JOHN OLIVER
LIFETIME
MAGGIE SMITH
MASTER OF NONE
NBC
NETFLIX
NIGHT MANAGER
ORPHAN BLACK
PATTON OSWALT
PAULSON
PBS
RUDZINSKI
SAPOCHNIK
SELINA MEYER
SHOWTIME
SNL
SUSANNE BIER
TATIANA MASLANY
THE VOICE
THOMAS KAIL
VEEP

S U S A N N E B I E R K P O
E M I T W O H S B Y I C A G
L X A P E E V L L N E A T R
I I U S P K O C H A C L T A
N L R B T O S C B L I B O F
A F S A D E O A A S O N N Y
M T O L S P R A B A V A O A
E E I X A N L O C M E H S W
Y N O S L U A P F A H P W O
E C O M E D Y C E N T R A L
R U D Z I N S K I A O O L O
A B B E M I T E F I L N T S
M A G G I E S M I T H O E L
C N I G H T M A N A G E R L
L I A K S A M O H T H B O I
S N L B R E V I L O N H O J

Solution on Page 271

ALISON
BABY
BOOKS
CALEB
CLIQUE
COLLEGE
DRAKE
ELLA
EMILY
FAMILY
FASHION
FIVE
FRIENDS
GIRLS
GROUP
ICELAND
LIARS
LOVE
MARRIED
MESSAGES
MOTHER
MUSIC
MYSTERY
POLICE
PREGNANT
REUNITED
ROSEWOOD
SPENCER
STUDENT
STYLE
SUBURBAN
SWIMMER
TEACHER
TEEN
THREAT
TOBY
TOWN
VICTIM
VILLAIN
WEALTH

P N C A L E B V I C T I M M
U A D L Y O Y L I M A F H U
O B N N I B V R R L I A R S
R R M W A Q A E E Y L T S I
G U D E E L U B G T L A W C
I B O A C N E E F P S I I E
R U O L I T E C R H L Y M N
L S W T L E D E I R R A M E
S O E H O E G F E E E L E L
D D S G P N A S N C H I R Y
Y B O T A S F T D N T S Z T
N F R N H S A U S E O O K S
W T T I M L S D F P M N J V
O C O L L E G E A S K O O B
T N H E V I F N M E K A R D
O O T H R E A T E A C H E R

Solution on Page 271

ACCLAIM
AHMAD WHITE
ALFRED
ARRESTED
AWARDS
CAREER
COMEDY
COUSINS
CULTURE
DARIUS
DAUGHTER
DAVE
DESHAWN
DONALD GLOVER
EARN
FAMILIES
GEORGIA
GIRLFRIEND
HIP HOP
HOME
HUSTLE
JOB
LIVES
LOTTI
MANAGER
MARKS
MONEY
PAPER BOI
PARENTS
PARTYING
PRINCETON
RAP
RENEWED
SHOOTING
SONG
STARDOM
STREET
SWIFF
VANESSA

R D M S S D E T S E R R A A
F E O A D C U L T U R E E S
S N N D R E E R A C T V H S
G W L E A K R J S I A O S E
P A I R W R S E H D O L T N
A H T F A E I W G T Y G A A
R S J L F L D U I A E D R V
T E K A I A C N S A N L D H
Y D T M M O G H R E O A O U
I T A H U L B N I T M N M S
N F A S G P A R T P A O Y T
G X I U U U F I E E H D H L
R N A C C L A I M P E O X E
S T N E R A P D J M A R P U
A P R I N C E T O N I P T C
A I G R O E G C B L I V E S

Solution on Page 271

AIRTIME
CHANNELS
CHEERS
CLASSICS
COMEDIES
COMMERCIALS
DAILY
DISTRIBUTION
DRAMAS
EPISODE
FAMILY TIES
FULL HOUSE
GROWING PAINS
GUNSMOKE
HAPPY DAYS
HIT
MEMORABLE
MIAMI VICE
MOONLIGHTING
NOSTALGIA
OLDER
PROFIT
PROGRAM
REBROADCAST
RECORDED
RETRO
STAR TREK
SYNDICATED
TIME SLOT
WATCH

G F C J Z S L E N N A H C D
R R N O S T A L G I A A D E
O E X G M C E D O S I P E D
W B S N S M A R G O R P T R
I R E I F E E O Q L T Y A O
N O I T U B I R T S I D C C
G A D H L W A T C H M A I E
P D E G L M N E Y I E Y D R
A C M I H H E R Y L A S N E
I A O L O I D M D A I L Y D
N S C N U T I F O R P M S L
S T R O S T A R T R E K A O
Y Q P O E C I V I M A I M F
F T I M E S L O T O A B K G
T C H E E R S C I S S A L C
S A M A R D G U N S M O K E

Solution on Page 272

ANGEL
ARMISEN
AWARDS
BOOKSTORE
BROWNSTEIN
CANDACE
CARRIE
COMEDY
COUPLE
CULTURE
DINERS
ECCENTRIC
EMMY
FEMINIST
FOIBLES
FRED
FRIENDS
GENDER
HIPSTER
HOUSE
HUMOR
IFC
KRISEL
LAMPOON
LANCE
MAYOR
MISFITS
MODERN
NINA
OREGON
PARODIES
PEABODY
RESTAURANT
ROLES
SATIRE
SKETCHES
STATUE
SWINGER

S T A T U E A N G E L F G Z
R O L E S Y Y D O B A E P K
X A M O D E R N E S I M R A
L A N C E C C E N T R I C G
N O O P M A L R N M S N N E
I C A R R I E A E E R I R N
E A W I F F R R L T N S E D
T N A C R U O S K A S T G E
S D R E A T K F C F E P N R
N A D T S E I D O R A P I X
W C S K T U I N U I O P W H
O E O C E N O T P E B Y S J
R O H M E G L H L N J L A I
B E M R E U N C E D T K E M
S Y S R C D X M I S F I T S
S R O M U H Y S A T I R E D

Solution on Page 272

BEAU WILLIMON
CLAIRE
DOUG
DUNBAR
ELECTION
EMMY
EXECUTION
FREDDY
GILLIAN
HUSBAND
ICO
JAYNE ATKINSON
LOBBYIST
LUCAS
MAHERSHALA ALI
MAJORITY WHIP
MANIPULATION
MEDIA
NATHAN DARROW
PETROV
POWER
PRESIDENT
RACHEL
REMY
REPORTER
ROBIN WRIGHT
RUTHLESS
SAKINA JAFFREY
TAWNY CYPRESS
UNDERWOOD
YATES
ZOE

R A B N U D M L E H C A R T
U Y M E R I A L C P F V E A
T N A T H A N D A R R O W W
H S J H N G I O B E M R O N
L A O G O I P U E S A T P Y
E K R I I L U G A I H E L C
S I I R T L L X U D E P E Y
S N T W C I A W W E R N U P
J A Y N E A T K I N S O N R
N J W I L N I Y L T H I D E
Y A H B E C O M L Y A T E S
D F I O O F N M I X L U R S
D F P R A I D E M I A C W A
E R T S I Y B B O L A E O C
R E P O R T E R N Z L X O U
F Y H U S B A N D H I E D L

Solution on Page 272

ADAPT
ALEXANDRIA
AMC
ATLANTA
BATTLE
BULLET
COMA
DANGER
DARYL
EUGENE
EZEKIEL
GLENN
GRIMES
HILLTOP
HORROR
JEFFREY DEMUNN
KILL
KINGDOM
LOYALTY
MICHAEL ROOKER
MURDER
NEGAN
OCEANSIDE
RICK
ROSITA
SANCTUARY
SAVIORS
SCAVENGERS
SHIVA
SHOT
SURVIVORS
WAR
ZOMBIES

M S Q B A V I H S E M I R G
C T E L L U B G X N A H R L
J L E I K E Z E P E T D E E
E R Q I B R D R E G N A D N
F L L U A M O I Z U A S R N
F L E S M I O S S E L C U Y
R P S G U O R Z I N T A M T
E O B A R R D D B T A V R L
Y T A A V O V G N J A E I A
D L M B T I R I N A N N C Y
E L O W S T O R V I X G K O
M I C H A E L R O O K E R L
U H O D W Y F E S H R R L Y
N T A Y R A U T C N A S L A
N P N A G E N B M W V S O I
T H D W J D F H A P M C B M

Solution on Page 272

ACCLAIM
ALDERSON
ALLSAFE
ANARCHIST
ANGELA
ANXIETY
ATTACKING
AWARDS
DARK ARMY
DARLENE
DATA
DELUSION
DEPRESSION
DESTROY
DISORDER
DOM
DRUGS
ELLIOT
ENGINEER
ERASE
EVIL CORP
FBI
FSOCIETY
GROUP
HACKER
IDENTITY
IRVING
ISOLATED
MAN
MISSIONS
NYC
PARANOIA
RECRUITED
STRUGGLE
THOUGHTS
THRILLER
VIGILANTE

A D E S T R O Y R S F Y R R
W E A N G E L A N P B T E T
A N X I E T Y O U Y I E K H
R D O E L L I O T T N I C O
D I E I S S R N M I R C A U
S R D T S G O A G T E O H G
B V U I I S N N D N D S D H
I I M G R U E A V E R F E T
S N O E S O R R P D O P L S
O G D U E K M C P I S R U T
L L J S A I E H E E I O S R
A P A R A N O I A R D C I U
T R M L E F A S L L A L O G
E Y C Y N A T T A C K I N G
D C K E T N A L I G I V U L
A T A D F T H R I L L E R E

Solution on Page 273

ADVISORS
AMATEUR
ARTISTS
ASPIRING
BATTLE
CHAIR
COACHES
CONTRACT
CRITIQUE
DEAL
DUETS
FINAL
GUIDE
HIT
HOSTS
KNOCKOUT
MENTOR
MILEY
NBC
PANEL
PARTNER
PHARRELL
REALITY
RECORD
ROUNDS
SELECTED
SHAKIRA
SINGING
SOLO
SONGS
STAGE
TALENT
TEAMS
UMG
UNSIGNED
USHER
VIEWERS
VOCAL
VOTING
WINNER

E M E G A T S I N G I N G U
R D T M G T Y T I L A E R B
U H I Y E L I M S R I A H C
Z O H U S R E W E I V W W O
W S D C G M U R U E T A M A
I T W D E N G I S N U R P C
N S N N O S O N G S O T A H
N R T C A R T N O C K E R E
E O O E U Q I T I R C A T S
R S L L E R R A H P O M N H
O I O M I T N E U V N S E A
U V S P N U L L O L K X R K
N D S E L E C T E D A S L I
D A L A N B I T D R O C E R
S A E A N N L A N I F D O A
T D P R G U O B R E H S U V

Solution on Page 273

AARON
AGENTS
BAU
BEHAVIORAL
BOSS
CABIN
CADET
CAST
CATCH
CHIEF
CRIME
DATES
DEMANDS
DIVORCE
DRAMA
EXPERT
FAMILY
FBI
FIREARM
FRANK
GREENAWAY
HALEY
HARDENED
HEWITT
JAIL
JASON
KILLER
LIAISON
MURDER
OFFICER
PATINKIN
POLICE
PREGNANT
PROFILING
QUANTICO
STALKER
TEAM
TROUBLING
UNSUB
WORK

E E C R O V I D A T E S J Y
F C A S T T I W E H S P A L
L I A J R E D R U M T W M I
O L R R E C I F F O A V A M
F O P A T I N K I N L N R A
E P P E H H L G E R K J D F
I M D A P T A E X P E R T S
H A L X A R R R N O R A A L
C E I O S G O O D B A C R E
Y T A C J S I F U E A I E M
B Z I I A T V J I B N U R I
U C S T S N A K I L L E R R
S A O N O E H N N K I I D C
N T N A N G E R P A K N N D
U C J U N A B O S S R W G G
P H X Q K R O W E I B F L K

Solution on Page 273

ARTIST
BERTIE
BIOGRAPHICAL
BRITAIN
BRITISH
CHURCHILL
CLAIRE FOY
DAUGHTER
DRAMA
DUKE
EDWARD
ELIZABETH
ENGLAND
EUROPE
GRANDMOTHER
KENNEDY
LITHGOW
MACMILLAN
MARRY
MATT SMITH
NETFLIX
PHILIP
PHOTOGRAPHER
PORTRAIT
REIGN
RETIREMENT
SAG AWARDS
SISTER
SUEZ CRISIS
SUTHERLAND
TOWNSEND
UNCLE
WIFE

M D S B C D N E S N W O T P
A U I R H P H I L I P I H R
C K S I U N C L E Y A O E E
M E I T R E B Y R R T H H T
I M R A C D M R T O T S S I
L A C I H P A R G O I B U R
L T Z N I M O R M T R K T E
A T E C L P A D I E E E H M
N S U F L P N R T N D T E E
E M S A H A B S N W E F R N
T I R E R E I E A B I N L T
F T R G U S D R A W A G A S
L H I R A Y D Z E M L I N I
I W O G H T I L X F A E D T
X P E N G L A N D C O R H R
E J L R E T H G U A D Y D A

Solution on Page 273

AMEN

BEWITCHED

BONANZA

COACH

DRAGNET

DYNASTY

ELLEN

EVENING SHADE

FAMILY MATTERS

GUNSMOKE

HAPPY DAYS

KNOTS LANDING

LASSIE

LIVING SINGLE

LOST IN SPACE

MAD ABOUT YOU

MAJOR DAD

MELROSE PLACE

MISTER ED

MY THREE SONS

PICKET FENCES

QUANTUM LEAP

RHODA

STAR TREK

THE JEFFERSONS

THE NANNY

N M S Y A D Y P P A H D F A
E A N G U N S M O K E A X Q
L D O A D C O A C H M P U F
L A S Z R E V T C I K A S K
E B R N A R W T L Y N N E M
C O E A G V I Y T T O R I E
A U F N N W M S U S T H S L
P T F O E A A M E R S O S R
S Y E B T N L E A O L D A O
N O J T Y E R T U F A A L S
I U E D A H S G N I N E V E
T R H P T M A J O R D A D P
S U T Y D E R E T S I M A L
O E M W T H E N A N N Y M A
L L I V I N G S I N G L E C
S E C N E F T E K C I P N E

Solution on Page 274

ANDREWS
ARCHIE
BETTY
BUTLER
COACH
COMICS
COOPER
CRUSH
DAUGHTER
FATHER
FOOTBALL
FRED
FRIEND
GIRLS
HIRAM
JOSIE
JUGHEAD
LODGE
LOVE
MAYOR
MOTHER
MUSIC
NEIGHBOR
PARENTS
PASSION
POP TATE
REGGIE
RICH
SHERIFF
SINGER
SMART
SNOOTY
SOCIAL
SPOILED
STUDENT
SUMMER
SWEET
TEEN
THE CW
WEALTH

M H C I R E G N I S L R I G
V H X D S B F A T H E R E H
Y C T E P W T N E D U T S D
T T J L D A E H G U J U E Z
T N O I A R S R E L R R I L
E E S O A E E S D C F E D A
B I I P N L W A I N W H C I
L G E S T S U Z W O A T O C
X H O U K G E V O L N O O O
S B B S H E R I F F I M P S
F O O T B A L L H Q I H E U
R R E T A T P O P C T I R M
I R E G G I E D S O R R O M
E P C I S U M G M A A A Y E
N E E T S W E E T C M M A R
D T L J S J Y U P H S C M T

Solution on Page 274

AIDAN GILLEN
ALFIE ALLEN
AMRITA ACHARIA
ASSASSINATED
BOLTON
CHARLES DANCE
CONLETH HILL
DONALD SUMPTER
EMILIA CLARKE
HBO
IAIN GLEN
JACK GLEESON
JON SNOW
JULIAN GLOVER
KING
LANNISTER
MERIBALD
NATALIA TENA
NORTH
QYBURN
RICHARD MADDEN
SIBEL KEKILLI
SOPHIE TURNER
STARKS
THE WAIF

K S J A C K G L E E S O N N
K O U N E L L A E I F L A E
C P L A N N I S T E R T M K
A H I T H E W A I F A A R R
I I A I N G L E N L S E I A
D E N R U B Y Q I S T C T L
A T G G L T R A A P H W A C
N U L N Y E T S M A O S A A
G R O I E E S U R N K N C I
I N V K N I S D S R O O H L
L E E A N D M N A T D R A I
L R R A L A O T L N U T R M
E Q T A D J S O B H C H I E
N E N D L A B I R E M E A H
D O E C O N L E T H H I L L
D N I L L I K E K L E B I S

Solution on Page 274

ANNOUNCER
BANTER
BREAKING
BROADCASTER
COHERENT
COMMENTARY
CONCISE
CURRENT
DISCUSS
ENGAGING
EVENTS
FINANCE
FLUENT
HEADLINE
INSIGHT
INTERVIEW
JOURNALISM
LIGHT
MAKEUP
MICROPHONE
MONITOR
PRESENTER
PROFESSIONAL
ROVING
SPORTS
STORY
STUDIO
SUIT
TELEPROMPTER
TELEVISION
TIE
VOICE
WEATHER

NEWSCASTER

C U R R E N T H G I S N I X
R E T N A B E N I L D A E H
O V E G B N I R E H T A E W
V E L N R I N T E R V I E W
I N E I O T E O N W E L C E
N T V G A H C C U E A H I S
G S I A D G P M N N U K O I
G T S G C I N O O A C L V C
D U I N A L E I R N N E F N
I D O E S I S O K C I I R O
S I N K T S U I T A I T F C
C O M M E N T A R Y E M O Y
U F Y F R E T N E S E R P R
S J O U R N A L I S M C B O
S R E T P M O R P E L E T T
P U E K A M S P O R T S N S

Solution on Page 274

ABC
ACTIVIST
ADVISOR
AFFAIR
ASSOCIATES
CAMPAIGN
CASES
CLASSIFIED
CRISIS
CYRUS BEENE
DIRECTOR
DIVORCE
ELECTION
FIRST LADY
FIXER
GRANT
HARRISON
HUCK
INFORMATION
JUDY SMITH
LEAKING
LITIGATOR
MELLIE
MOLE
MURDER
MYSTERY
NSA
POLITICAL
PRESIDENT
QUINN
SALLY
SENATOR
SUSAN ROSS
TEAM
THRILLER
WASHINGTON

SCANDAL

Y	R	E	T	S	Y	M	R	O	S	I	V	D	A
L	J	U	D	Y	S	M	I	T	H	F	Q	I	C
L	J	D	I	R	E	C	T	O	R	I	U	V	T
A	S	E	N	A	T	O	R	C	E	R	I	O	I
S	C	A	F	F	A	I	R	A	X	S	N	R	V
I	R	Y	O	Q	I	A	P	M	I	T	N	C	I
H	L	M	R	K	C	U	H	P	F	L	O	E	S
A	A	E	M	U	O	C	B	A	L	A	T	K	T
R	C	L	A	S	S	I	F	I	E	D	G	R	N
R	I	L	T	S	S	B	T	G	A	Y	N	E	E
I	T	I	I	E	A	I	E	N	K	D	I	D	D
S	I	E	O	S	G	M	S	E	I	M	H	R	I
O	L	H	N	A	S	S	O	R	N	A	S	U	S
N	O	I	T	C	E	L	E	L	G	E	A	M	E
S	P	O	S	I	S	I	R	C	E	T	W	R	R
A	R	E	L	L	I	R	H	T	N	A	R	G	P

Solution on Page 275

AGENCY
BROADCAST
BUY
CELEBRITY
COMMERCIAL
CONSUMERS
CREATIVE
CUSTOMER
DEMOGRAPHICS
ELECTRONICS
GOODS
GROCERIES
HUMOR
INFOMERCIAL
JINGLE
MARKET
MEDIA
MESSAGE
NETWORKS
NIELSEN
PAID
POLITICAL
PROMOTION
RATINGS
RESTAURANT
REVENUE
SELL
SLOGANS
SPOTS
SUPER BOWL
TARGET
TOILETRIES
TOOTHPASTE

N S K R O W T E N X C S M L
I C Q I N F O M E R C I A L
E I M E S S A G E I Y I R A
L H Y C N E G A N R C B K C
S P S E L L T O A R E R E I
E A N S E I R T E L I O T T
N R A Y V T I M G Y S A S I
Y G G E C N M N R U R D A L
T O O E G O I O P B E C P O
I M L S C J M E M X M A H P
R E S T A U R A N T U S T S
B D Z F H B S P O T S T O D
E I P R O M O T I O N J O O
L A I W T A R G E T O W T O
E P L Q N S E I R E C O R G
C U S T O M E R E V E N U E

Solution on Page 275

ABBY
AGENT
ALCOHOLIC
ASSISTANT
ATHLETES
AVI
AWARDS
BOSS
BOXER
BRIBES
BRIDGET
BROTHER
BUNCHY
CLEANER
CLIENT
CONOR
CRIME
DARYLL
DISAPPEAR
DRAMA
FAMILY
FAMOUS
FATHER
FBI
FIXER
LENA
LIMOS
MICKEY
MOGULS
PAYOFFS
PROBLEMS
RAYMOND
RICH
SCHREIBER
SHADY
SHOWTIME
SON
TERRY
THREATS
TROUBLES

N S K L E M I R C L I E N T
N P T S L U G O M L E N A E
E C N A E S H A D Y O T M G
G L E A E L Y H M S H I I D
G E G R L R B Q C L T Y C I
H A A E R C H U E W T R K R
J N P X E A O T O B N R E B
B E A I B F E H B R A E Y S
U R Y F I S S P O O T T E L
N O O A E B O R P L S B A L
C N F T R O M O Y A I S W Y
H O F H H X I B B R S C A R
Y C S E C E L L B A S I R A
H C I R S R R E A M A R D D
P O R V D N O M Y A R W S G
Y L I M A F J S U O M A F L

Solution on Page 275

KAQY
KARD
KASN
KATN
KAWB
KAZD
KBCA
KDKF
KDLH
KDMD
KDNL
KFQX
KFVE
KFWD
KJAC
KJCT
KJLA
KMEB
KMOT
KPIC
KPLC
KPMR
KUBD
KUCW
KUED
KWDK
KWET
KWHB
KWMJ
KWOG
KWPL
KWSD
KWVB
KWWF
KWYB
KYAZ
KYIN
KYTV
KYUR
KYVE

K CALL SIGNS

L D P V S R H L J K U N G A
J V R Q Z O Q D N T V C L A
W Z S H X K B D W D C J F R
M R D J D R S E V F K J A C
B U F T Z R R U A T K A K T
D W U W N U M K E B K N Z H
M X J F W Y P W E W W F M D
G O W C U K K M O T M A R F
N G K H J U K G M N S A K K
E N Q B L B K D T K K Q I D
G V K H K D M A W O A C B K
Q K Y W W Z K P I C Q K P D
N I Y K S W L F E N Y L L M
Z B W T M D T V Q A C Y D D
S V T J V E L L Z X Y B I C
B Q D I E B N X K C A P V J

Solution on Page 275

ALI
APPOINTED
BESS
BLAKE
BUSY
CAMPAIGN
CARRADINE
CIA
CONRAD
DAISY
DATE
DAUGHTER
DIPLOMACY
DRAMA
FAMILY
HENRY
HUSBAND
ISSUES
JAY
LANGUAGES
LEONI
LIVES
MATT
MIDDLE EAST
NADINE
NEGOTIATES
OFFICE
PLANE CRASH
POLICY
PRESS
PROTOCOL
RUSSELL
SCHEDULE
SHREWD
SON
STAFF
STEVIE
THEOLOGY
UVA
WORK

S W U D N A B S U H S N P M
S O N O F F I C E D F A R J
E R M D R E T H G U A D E B
B K E I N N H E H C M I S U
D W A P D I E D S Y I N S S
S R D L R D O U A A L E E Y
T E A O B A L L R J Y G V E
A C T M M R O E C D R O I S
F O E A A R G B E J U T L T
F N D C T A Y T N A S I R E
H R X Y T C N F A L S A D V
C A M P A I G N L I E T W I
I D I N O E L T P S L E E E
A U Z P R O T O C O L S R B
F V P O L I C Y R N E H H Z
L A N G U A G E S E U S S I

Solution on Page 276

ACCLAIM
ACCOLADES
ACTOR
BILLY ALDRICH
BROADWAY
BROTHERS
CAMEO
COMEDIAN
COMMERCIALS
DRESS GRAY
EMMYS
FILM
FRIENDS
GOLDEN GLOBE
HOST
JACK DONAGHY
JOSHUA RUSH
KIM BASINGER
KNOTS LANDING
MATCH GAME
PARENT
PARKER
SAG AWARDS
SITCOM
SNL
STAGE
TELEVISION
THE DOCTORS
THE ESSENTIALS
TRUMP
WRITER

ALEC BALDWIN

W S Y M M E M A G H C T A M
H R T H E D O C T O R S N L
S O I S I T C O M E D I A N
D B S T A G E M I A L C C A
R I O T E R E K R A P O A J
A L P M U R T N Q C A M E O
W L J A C K D O N A G H Y S
A Y U I B R O T H E R S T H
G A A Y A R G S S E R D T U
A L M S E D A L O C C A N A
S D L K I M B A S I N G E R
F R I E N D S N A C T O R U
K I F C Y A W D A O R B A S
F C T E L E V I S I O N P H
T H E E S S E N T I A L S H
R S D E B O L G N E D L O G

Solution on Page 276

ABUSE
AGENT
AMANDA
ATTORNEY
BOROUGHS
CAPTAIN
CHESTER
CRIME
DARK
DICK WOLF
DRAMA
ELLIOT
EXAMINER
FBI
FIN
HEINOUS
HUANG
KILLED
LEGAL
MANHATTAN
MEDICAL
MELINDA
MONIQUE
MURDER
NBC
NEW YORK
NYPD
OFFENSES
OLIVIA
POLICE
PRECINCT
PROSECUTE
RAFAEL
REAL
SERGEANT
SPECIAL
STRANGLED
UNIT
VICTIMS
VIOLENCE

H L R T O A E C I L O P V D
U L E A C F M E B N L H M R
A A C G D N F A L N I E A A
N I R E A I I E N L V I N M
G C I N C L C C N D I N H A
N E M T C N H K E S A O A Y
M P E B A R E I W R E U T E
E S D O P E S L Y O P S T N
L E I R T N T L O L L U A R
I R C O A I E E R I C F N O
N G A U I M R D K E V B I T
D E L G N A R T S B S I F T
A A F H Y X M O N I Q U E A
G N R S P E R E D R U M B N
O T E K D P V I C T I M S A
T I N U R A F A E L A E R T

Solution on Page 276

BEANS
BROWNIES
CANDY
CASHEWS
CEREAL
CHEAP
CHIPS
COFFEE
CONVENIENT
COOKIE
CUPCAKE
DISPOSABLE
DRINK
EASY
FAST
FREEZER
FRIES
FRUIT
ICE CREAM
JERKY
LASAGNA
MEAL
NACHOS
NUGGETS
NUTS
OVEN
PACKAGED
PASTA
POPCORN
POPSICLE
PRETZELS
RAISINS
RAVIOLI
RICE CAKE
STEAK
SWANSON
TRAY
VEGETABLE

EAT AND WATCH

C H I P S C A N D Y T N M E
L O P C H E A P F F O R E A
A H N R O C P O P S R F A S
E P J V H D R I N K F U L Y
R E A O E L B A S O P S I D
E S S C I N W M C F B N R T
C L V Z K S I C E C R E A M
R I C E C A K E C O O K I E
A E L I G A G D N S W A S H
N N Z O S E S E L T N C I H
E U G E I P T H D U I P N Z
V G T A E V O A E N E U S F
O G L I S R A P B W S C R A
J E R K Y A F R S L S I A S
S T E A K S L E Z T E R P T
H S N A E B V P A S T A B Q

Solution on Page 276

ACCLAIM
AWARDS
BEE
COMEDIC
COMMENTARY
CONTEMPORARY
COVERAGE
ELECTION
FIELD PIECES
FORMAT
GRAB BAG
HARKIN
HEADLINES
HOGGART
INJUSTICE
INTERVIEW
ISSUES
JON STEWART
LAUGH
NATIONAL
NEWS
NIGHT
OBAMA
POLITICS
SAMANTHA
SATIRE
SEGMENTS
STAFF
STORIES
TALK SHOW
TBS
TRUMP
UNIQUE
WASHINGTON
WOMAN
WRY

A H T N A M A S D R A W A N
T E R N I G H T W W U C A A
R A A N Y T B A U E O O A T
A D G I O S A N R N N M M I
W L G S E I I M T K A M A O
E I O S D Q T E R C I E B N
T N H U U S M C C O C N O A
S E C E I P D L E I F T S L
N S E S O N A S D L G A T T
O T G R T I J E A N E R N A
J O A L M A M U I T U Y E L
K R R A E O F H S M I Y M K
Y I E U C E S F P T Q R G S
N E V G R A B B A G I W E H
W S O H W P O L I T I C S O
U L C B E I N T E R V I E W

Solution on Page 277

AFFILIATES
ALICE
AMAZING RACE
ANDY GRIFFITH
BIG BROTHER
BLUE BLOODS
BULL
CODE BLACK
CORPORATION
CRONKITE
DAN RATHER
ELEMENTARY
EYE
GOMER PYLE
GOOD TIMES
GOOD WIFE
GREEN ACRES
I LOVE LUCY
LOU GRANT
MOONVES
MURPHY BROWN
NCIS
NETWORK
NEWS
RHODA
SCORPION
TONY AWARDS
WESTINGHOUSE

B C O D E B L A C K N A A N
Y U B T N A R G U O L C L E
J E L E M E N T A R Y D I W
Y C U L E V O L I X H L C S
E N E S U O H G N I T S E W
L O B S E V N O O M I R Y C
Y I L D G O O D W I F E E O
P T O N E T W O R K F H K D
R A O K V C R O N K I T E A
E R D M U R P H Y B R O W N
M O S E M I T D O O G R M R
O P S C O R P I O N Y B U A
G R E E N A C R E S D G G T
T O N Y A W A R D S N I G H
E C A R G N I Z A M A B G E
S E T A I L I F F A D O H R

Solution on Page 277

AARON
ABC
ATTACK
ATTORNEY
AUTHORITY
CHIEF
CONSPIRACY
COUNTRY
DAUGHTER
DEPUTY
DESIGNATED
DRAMA
EEOC
EMILY
EXPLOSION
FBI
FIRST LADY
HUD
INVESTIGATE
LEO
MIKE RITTER
PENNY
POLITICAL
PRESS
RESIGNATION
SAFETY
SECRET SERVICE
SETH
SON
SPEAKER
SPEECHWRITER
STRATEGIST
SURVIVOR
SUTHERLAND
TOM KIRKMAN
WHITE HOUSE

DESIGNATED SURVIVOR

S U R V I V O R C C B A L D
P D U R Y T I R O H T U A D
E K N P E N N Y N I N P C N
E C O U N T R Y S E A I I A
C A I B F S T L P F M N T L
H T T V U I P I I S K V I R
W T A D R G N M R P R E L E
R A N E E E O E A E I S O H
I R G P X T S A C A K T P T
T E I U P A A T Y K M I A U
E T S T L R C N E E O G M S
R H E Y O T O O G R T A A A
L G R N S S E R P I C T R F
E U W H I T E H O U S E D E
O A T T O R N E Y H T E S T
G D U H N F I R S T L A D Y

Solution on Page 277

ABC
ADAM
ARCADE
BARRY
BEVERLY
BOY
BUSINESS
CAMCORDER
CHILDHOOD
COUPLE
CRUSH
DALE
DAUGHTER
ERICA
FAMILY
FATHER
FRIEND
FURNITURE
KISS
LAINEY
LIFE
MURRAY
MUSIC
NARRATOR
POPS
PUCHINSKI
SCHOOL
SITCOM
SMART
SPORTS
STORE
TEACHER
TEENAGE
VHS
VIC
WAWA
WIDOWER
WORK
WRESTLING
YOUNG

Y N X K I S S R M C S U L R
E A W K C T H S P O R T S N
Z B R R O T A R R A N B S L
K O P R E T H G U A D E E G
W Y E U U S M A R T G R N H
H S U R C M T L Z A U U I E
B A R R Y H B L N T O D S L
X C E E E A I E I Y F O U A
F I H H R D E N V N R O B I
F R T C L T R H S E G H F N
R E A A S U S O W K R D E E
I D F E F I L O C E I L T Y
E D U T M A D A L M P I Y A
N K S Y L I M A F U A H B V
D S W A W A D L O O H C S I
C P O P S I T C O M U S I C

Solution on Page 277

CARTOON
CHAIR
CLIFFHANGER
COMEDY
COMMERCIAL
CREDITS
DOCUMENTARY
DRAMA
DVR
EDUCATIONAL
EVENTS
FOOD
GUIDE
INFOMERCIAL
KIDS
LATE NIGHT
LISTINGS
MUSIC
NETWORK
NEWS
PREMIUM
PROCEDURAL
PROGRAM
RECORDED
RELAXATION
REMOTE
SATELLITE
SITCOM
SOFA
SPECIAL
STATION
SUSPENSE
TAPE
TELETHON
TV STAR
WATCH

LOTS OF TV

B K I D S N O H T E L E T S
L A R U D E C O R P A J I F
A N E O S L O T P Q I T D O
I G C L W A M A R D C N O O
C U O S E T M P E O R O C D
E I R G N E E E M Y E I U M
P D D N W N R N I D M T M U
S E E I C I C H U E O A E S
C T D T R G I C M M F X N I
H I V S E H A X D O N A T C
A L R I D T L O S C I L A W
I L C L I F F H A N G E R A
R E M O T E T V S T A R Y T
F T N B S P R O G R A M F C
C A R T O O N O I T A T S H
L S U S P E N S E V E N T S

Solution on Page 278

ALEC BALDWIN
AMY POEHLER
ANDY SAMBERG
BAND
CAST
CELEBRITY
COMEDY
DAVID SPADE
ELECTION
GILDA RADNER
GUEST
HOST
JANE CURTIN
JOE PISCOPO
LIVE
LORNE MICHAELS
MICHAEL CHE
MIKEY DAY
NEWS
PARODY
PERFORMANCE
SATIRE
SKETCH
SKITS
SNL
SPOOF
STEVE MARTIN
TRACY MORGAN
TRUMP
VARIETY
WILL FERRELL

O E S W S E L E C T I O N N
P C P I L Y V H S A T I R E
O N O L E N C C S N W V N W
C A O L A I E L K D L A A S
S M F F H T L E L C T R G E
I R A E C R E A N O B I R D
P O N R I U B H I M A E O A
E F D R M C R C T E N T M P
O R Y E E E I I R D D Y Y S
J E S L N N T M A Y P A C D
H P A L R A Y R M O A D A I
C S M Z O J A T E P R Y R V
T T B E L D S H V M O E T A
E I E V L O L H E U D K S D
K K R I H E L M T R Y I A W
S S G L R G U E S T X M C V

Solution on Page 278

ACQUIRED
ALL FOR LOVE
BRAND
CABLE
CEDAR COVE
CHEERS
CROWN MEDIA
DRAMA
ENTERTAINMENT
FAMILY
FILMS
GOLDEN GIRLS
GOOD WITCH
HALL OF FAME
HEART OF TV
HOUSEHOLDS
I LOVE LUCY
JANE DOE
KITTEN BOWL
LAUNCH
LOVE LOCKS
LOVE ON ICE
MOVIES
ORIGINAL
SATELLITE
THE ART OF US
THE MIDDLE

E I K E G D E R I U Q C A M
H X I L O V E L U C Y I L G
X E T D L S L N V L D I O O
D N T D D M A T I E A E V O
R T E I E L D M M L L E E D
A E N M N I A N L B S O O W
M R B E G F W F A U X D N I
A T O H I O O C F R E E I T
L A W T R R A O J V B N C C
E I L C L V T F O T R A E H
M N J O S R Q C E X L J Q E
O M V H A O R I G I N A L E
V E M E M A F F O L L A H R
I N H S D L O H E S U O H S
E T O E T I L L E T A S Q O
S K C O L E V O L A U N C H

Solution on Page 278

ACCLAIM
ADMINISTRATION
AIDE
AMY
ASSISTANT
AWARDS
BEN
BODYGUARD
CAREER
COMEDY
CONGRESSMAN
DAN
DEVOTED
DIVORCED
ELECTION
EMMY
GARY
JONAH
KENT
LEGACY
LOBBYIST
LOYAL
MARYLAND
MIKE
POLITICAL
PRESIDENT
RECOUNT
RELATIONSHIP
REPORTER
RICHARD
SATIRE
SELINA
SENATE
SUE
WHITE HOUSE
WORK

T Y C A G E L A N I L E S S
N M A J M B O D Y G U A R D
U A R T A L C M Y J I K I R
O D E C R O V I D D O E C A
C Z E J Y Y N N E B E N H W
E Q R T L A A I M E K T A A
R N N N A L M S O S I N R H
E O L A N C S T C U M E D Y
T I A T D A S R N O L D R M
R T C S D C E A I H O I U M
O C I I E C R T T E B S E E
P E T S V L G I E T B E T M
E L I S O A N O J I Y R A G
R E L A T I O N S H I P N P
K R O W E M C N K W S U E V
D Y P T D Y N E R I T A S V

Solution on Page 278

ALLY MCBEAL
ANIMATION
BARRY DILLER
BEAT SHAZAM
COMMERCIAL
EMPIRE
ENTERTAINMENT
FAMILY GUY
FOURTH
FOX NFL
FOX UFC
FUTURAMA
GLEE
GOTHAM
LATE SHOW
LOS ANGELES
MASTERCHEF
METROMEDIA
MISS USA
NETWORK
NEW GIRL
PRISON BREAK
SON OF ZORN
STAR
SUPERHUMAN
THE ORVILLE
TRACEY ULLMAN
VIEWERSHIP

M F V D S U P E R H U M A N
E E I F H T R U O F T J A L
T H E O R V I L L E R A H A
R C W M I S S U S A A D T I
O R E A S A O N F N C N O C
M E R A O A N E O I E S B R
E T S L N M B W X M Y E E E
D S H L O A R G N A U L A M
I A I Y F R E I F T L E T M
A M P M Z U A R L I L G S O
E G M C O T K L D O M N H C
M L A B R U J Y Q N A A A F
P E H E N F R A T S N S Z U
I E T A K R O W T E N O A X
R N O L A T E S H O W L M O
E A G B F A M I L Y G U Y F

Solution on Page 279

ABC
ASHLEY HEBERT
BISCHOFF
BUSHNELL
CEREMONY
DATES
DEANNA PAPPAS
ELIGIBLE
ELIMINATED
EMILY
EXOTIC
FAMILY
GRIMALDI
HALEY
HOMETOWN
HOST
JAKE PAVELKA
MARRIAGE
MATT GRANT
MOLLY MALANEY
NATALIE GETZ
POTENTIAL
PROPOSE
REALITY
ROMANTIC
ROSE
SOULES
THE TWINS
VIENNA GIRARDI
WIFE
WINTER GAMES
WOMEN

D A T E S Z Y N O M E R E C
E E W I N T E R G A M E S B
M Y T L L E N H S U B P I N
T A E A R G M H O S T D D G
D N R N N E S O P O R P L N
C E A R A I A Y W A E L A W
I L A R I L M L R B B A M O
T B E N G A A I I C E I I T
N I S F N T G M L T H T R E
A G O F H A T E Y E Y N G M
M I U X N N P A B L E E Y O
O L L N C W W A M Z L T L H
R E E X O T I C P M H O I A
B I S C H O F F A P S P M L
V A K L E V A P E K A J A E
R O S E T H E T W I N S F Y

Solution on Page 279

AFC
BALL
BILLS
BROADCASTING
BRONCOS
BUCCANEERS
CABLE
CBS
CHARGERS
CHIEFS
COLLEGE
DOLPHINS
DOWNS
ESPN
FOX
FUMBLE
GRASS
KICKING
LUCRATIVE
NBC
NETWORKS
NFC
OFFENSE
OFFICIALS
PASS
PROFESSIONAL
QUARTERBACK
RECEIVER
RIGHTS
RUNNING
SNAP
STATIONS
STEELERS
SUPER BOWL
TELEVISION
YARD LINE

F S N B C G N I K C I K M F
U R P S R E G R A H C F N R
M E S R S L U C R A T I V E
B L E N O T O P B O N X G Q
L E G P I F H R A O E N C S
E E N G F H E G I N I B B U
R T I E U T P S I T S U S P
E S N V R S I L S R K C N E
C S N A S V D A O I R C O R
E L U A E R C I B D O A I B
I Q R L A D B C A Z W N T O
V G E Y A R T I L K T E A W
E T D O W N S F L D E E T L
R U R C H I E F S L N R S F
Z B F S O C N O R B S S A P
C A B L E G E L L O C F O X

Solution on Page 279

ANNIVERSARY
BAPTISM
BASEBALL
BBQ
BIRTHDAY
CAMCORDER
CAMERA
CARTRIDGE
CASSETTE
CELEBRATION
CHILDREN
CHRISTMAS
EDIT
EMBARRASSING
FAMILY
FRIENDS
FUNNY
GRADUATION
MICROPHONE
MILESTONES
PARTY
PETS
PRANKS
REEL
RETIREMENT
SENTIMENTAL
SHOOT
SILLY
SOCCER
TAPE
VACATION
VIDEOGRAPHER
VIEW

WATCHING HOME VIDEO

P R A N K S V S I L L Y G F
T N E M E R I T E R Y N V B
N O I T A U D A R G I O S I
C H I L D R E N S S E I E R
R S R E C C O S S F T T N T
E D T K Y A G A T Y T A T H
E N O I T A R B E L E C I D
L E O J R R A E P I S A M A
L I H H A Z P T M M S V E Y
L R S B P A H I E A A F N M
A F M Q T O E D L F C U T S
B E Y R A S R E V I N N A I
E W R E D R O C M A C N L T
S E N O T S E L I M L Y Q P
A I Y C H R I S T M A S B A
B V P E G D I R T R A C B B

Solution on Page 279

ALS
ANDRE
ANGELO
ANIKA
ASSOCIATE
BATTLE
CAREER
CEO
CFO
COMPANY
CONTROL
COOKIE
DRUG
ENTERTAINMENT
FAME
FBI AGENT
FIGHT
HAKEEM
HIP HOP
LAZ
LUCIOUS
LYON
MEMBERS
MOGUL
MOTHER
MURDERED
NEW YORK
POWER
PREGNANT
RAP
REHAB
RHONDA
SHARE
SONS
STAR
VERNON

F F E M E E K A H Z B R M U
E C R T U K P S R E B M E M
R D F E K R O Y W E N N T J
A D N O H R D O U T T H A J
H G B L A A A E N E G N I J
S R A E Y T B A R R U O C H
J A T G S H N T G E R N O D
O C T N E G A I B F D R S R
N Z L A E I S H F E E E S A
Z N E R N F U E I E K V A T
H K P M L Y O N R P W C S S
A R E W O P I A K J H O N E
Y N A P M O C O N T R O L E
T J D M O G U L Z A S K P M
L R R R W S L A P A N I K A
S V I C E O L M O T H E R F

Solution on Page 280

ACCLAIM
APPEARANCE
AWARDS
BOYS
CARA BUONO
DIVORCED
DUFFER
DUSTIN
ELEVEN
FRIENDS
HARBOUR
HAWKINS
HOMAGES
HORROR
INDIANA
JOE KEERY
LABORATORY
LONNIE
LUCAS
MARTIN
MATARAZZO
MODINE
MOTHER
NANCY
NETFLIX
POLICE
RURAL
SADIE SINK
SEARCH
SECRET
SHAWN LEVY
STUDENT
TEENAGER
TOWN
WILL
WINONA
WOLFHARD

P L S Y E L E V E N I D O M
P O A E V D E C R O V I D O
S A L R G E M A L Z R N B T
T J P I U A L O L Z O I O H
U N O P C R M N I A R T Y E
D W H E E E H O W R R R S R
E O L F K A S U H A O A F P
N T F B R E R B S T H M X W
T U A B C H E A A A D S I S
D E O R C I D R N M A N L D
A U E R N I O A Y C O I F R
R T A N E B N C U N E K T A
Q E O S A C C L A I M W E W
S L I L Y G V I N D I A N A
O N R F R I E N D S L H W C
K W O L F H A R D U S T I N

Solution on Page 280

ANTHEM
ARCHERY
ATHENS
ATHLETE
BARCELONA
BASKETBALL
BEIJING
BIATHLON
BOBSLEDDING
CHAMPION
DECATHLON
FENCING
GRENOBLE
GYMNASTICS
HELSINKI
HOCKEY
INNSBRUCK
JAVELIN
LONDON
LOS ANGELES
LUGE
NAGANO
OSLO
PARIS
PENTATHLON
PYEONGCHANG
QUALIFY
RACE
SKIING
SNOWBOARDING
SOCHI
TOKYO
TRIATHLON
WORLD

B L B I A T H L O N A O J Y
Y E L O G X J A T H E N S F
E T I A B R S A W T L A C I
K N P J B S E V V U J G I L
C G O Y I T L N G E N A T A
O D N L E N E E O I L N S U
H E B I H O G K D B Z I A Q
E C A H I T N R S D L F N U
L A R C C K A G A A I E M C
S T C O O O S I C C B N Y H
I H E S B N O I R H E C G A
N L L W O R L D R T A I Q M
K O O D N O L H T A T N E P
I N N S B R U C K F P G G I
S O A R C H E R Y T O K Y O
L M E H T N A T H L E T E N

Solution on Page 280

AIR KISS
APARTMENT
BLUEFLY
BRAVO
BUDGET
COLLECTION
COMPETE
CREATE
DEADLINE
DENIM
DESIGN
FABRICS
FASHION
FINALISTS
GARMENT
HAIR
HEIDI KLUM
IMMUNITY
INGENUITY
INTERVIEW
JACKETS
JEANS
JUDGED
MATERIALS
MODELS
NOTIONS
NYC
PANEL
PEABODY
PURCHASE
REALITY
RUNWAY
SCORES
SELECT
SHOW
STIPEND
THEME
TIME
WEAR
WINNER

E S A H C R U P O V A R B J
C R L W O H S N O I T O N U
L O I A Y D O B A E P T Y D
E D L A I I C R E A T E C G
N S E L H R S T I P E N D E
A C L S E L E C T A B R T D
P K A E I C T T F R L E I Y
H F I R D G T I A T P N T L
F B R O I O N I M M T I S F
A U K C K A M G O E U L T E
B D I S L M A C R N S D E U
R G S I U R R V E T N A K L
I E S N M A I G B M A E C B
C T I E E E N M I N E D A J
S T N W W I N N E R J H J G
Y T I L A E R U N W A Y T I

Solution on Page 280

ALICE
ANGIE
BARETTA
BARNABY JONES
BARNEY MILLER
BENSON
CANNON
CARTER COUNTRY
CIRCLE OF FEAR
COLUMBO
DANCE FEVER
FAMILY FEUD
FANTASY ISLAND
FAWLTY TOWERS
FISH
FLASH GORDON
GONG SHOW
KOJAK
NEW ZOO REVUE
PASSWORD PLUS
PHYLLIS
ROPERS
SNEAK PREVIEWS
SOUL TRAIN
TABITHA
WORKING STIFFS

TV IN THE 1970S

P E U V E R O O Z W E N C T
A N O D R O G H S A L F C E
S C I R C L E O F F E A R T
S I L L Y H P P S Y R N A Q
W O H S G N O G W T F T D F
O R E L L I M Y E N R A B A
R C E C I L A R I H N S D W
D E O J K H C A V C S Y U L
P I W L T O R D E A B I E T
L G T I U T J F R N A S F Y
U N B N L M E A P N R L Y T
S A T U O V B T K O E A L O
T R O P E R S O A N T N I W
Y S Y R N O S N E B T D M E
S E N O J Y B A N R A B A R
L W O R K I N G S T I F F S

Solution on Page 281

AMBITIOUS
ARREST
AWARDS
BAR
CASES
CELLMATE
DANIEL
DEALER
DISCOVER
DRAMA
DROPOUT
EVIDENCE
FICTIONAL
FIRM
FRAUD
HARVEY
JAIL
JESSICA
LAW
LEGAL
LICENSE
LOUIS
LSAT
MARIJUANA
MENTOR
MERGER
MURDER
NYC
PARTNER
POSITION
PRACTICE
RACHEL
RESIGN
SECRET
TAKEOVER
THERAPIST
THREAT
TRIAL
TRUTH
WEDDING

T R E S I G N C A S E S B M
S E D A N I E L L J D H E J
I D U R L U Y P A R T N E R
P R A R E D R I A U T S P D
A U R E H A L W R O S O R R
R M F S C A A T R I S O E A
E N B T A K N L C I P V S M
H Y I I R E E A T O O M N A
T C R L T G V I U C G R E R
E L E H A I O T S J N I C E
R O V L A N O I T C I F I G
C U O A L R D U J L D R L R
E I E W X M V W S S D A A E
S S K R E L A E D A E B I M
E T A E R H T T Y T W H R G
P E T G E V I D E N C E T X

Solution on Page 281

ABBY
ACTION
AGENTS
ANALYST
ANTHONY
CAITLIN
CBS
CLIPS
CRIME
DETECTIVE
DIRECTOR
DRAMA
DUCKY
ELEANOR
ELITE
EXAMINER
FELONIES
FICTIONAL
HIT
JAG
JENNY
JIMMY
LAW
LEON
MARINE
MEDICAL
NAVY
OFFICER
PERSONNEL
POLICE
PROCEDURAL
PUNISH
RATINGS
RESPONSE
SECRET
SEGMENT
SERVICE
TEAM
TIMOTHY
ZIVA

I E R C L I P S E C R E T D
N D E C I V R E S Y N N E J
O E C I L O P C P U N I S H
I D I L A R U D E C O R P V
T S F P Y N A V Y B B A E T
C E F I C T I O N A L M R I
A I O R O T C E R I D K S M
M N E W C B X J I M M Y O O
A O A E S A E S E G M E N T
R L T L M E D I C A L A N H
D E M I Y R E S P O N S E Y
D F N A H S G N I T A R L E
J E A G E N T S H E N O E L
R A V I Z T R O N A E L E I
O V G U A M N I L T I A C T
D D U C K Y Y C R I M E N E

Solution on Page 281

BLOOD
BOBBY
BROTHERHOOD
CASTIEL
DEAN
DEMON
DESTINY
ERIC KRIPKE
FIGHTING
GHOST
GUNSHOT
INVESTIGATION
JENSEN ACKLES
JIM BEAVER
KILLER
LUCIFER
MACABRE
MADNESS
MARY
MAX BANES
MEMORY
MISHA COLLINS
MONSTERS
NOVAK
ROWENA
RUBY
SAM
SCREAM
SINGER
SPELL
SPIRIT
SUPERNATURAL
VESSEL
VINCE
WRATH

J E S N I L L O C A H S I M
V Z R E F I C U L E S S E V
D D I B L S E N A B X A M T
E N O V A K C W D R E R C R
S M E G R C C E M O C O A E
T E K N U K A A O T N W S V
I M P I T N K M N H I E T A
N O I T A G I T S E V N I E
Y R R H N H L O T R S A E B
B Y K G R O L H E H S N L M
B R C I E S E S R O E O E I
O A I F P T R N S O N M G J
B M R X U Y B U R D D E U P
L L E P S I N G E R A D J J
T I R I P S C R E A M A S V
H T A R W D B L O O D P H J

Solution on Page 281

ADDICT
ADOPTED
ART
BERGSTEIN
BRIANNA
BUD
BYRON
COMEDY
COPE
COSMETICS
COYOTE
DAUGHTER
DIVORCE
DOCTOR
DRAMA
FRANCES
FRIENDS
GUY
HIPPIE
HUSBANDS
JACOB
JANE FONDA
LAWYERS
LEAVING
LOVE
MALLORY
MITCH
NEIGHBOR
NETFLIX
NURSE
PETER
PHIL
ROBERT
SAN DIEGO
SOL
STUDENT
TEACHER
WATERSTON
WIVES
WOMEN

Z I P D U B F R A N C E S A
J T N E D U T S S J S C D E
A R G T T R B R E R I D N N
C E U P A E E C U T I A A E
O B Y O L Y R N E C D A B T
B O S D W O G M T N M C S O
Y R V A V I S P O A O A U Y
R A L I N O T F R P W N H O
O E D O C D E D E A S N D C
N X X E V N I G T K E A O O
E U I K A E N E H I V I C M
M R L J H I R I G T I R T E
O P F C V S P H U O W B O D
W H T A T P B M A L L O R Y
V I E O I O P S D N E I R F
M L N E R E H C A E T B A E

Solution on Page 282

ADVERTISING
AGE RANGE
ANALYSIS
AREA
AUDIENCE
BROADCAST
CALCULATED
COMPOSITION
DEMOGRAPHIC
DIARIES
DIGITAL
ESTIMATE
HOME
HOUSEHOLDS
MARKET
MEASUREMENT
METERS
METROPOLITAN
MODELS
NETWORK
NIELSEN
POINTS
RATINGS
RESEARCH
SAMPLES
SETS
STATISTICS
SWEEPS
SYSTEM
TARGET
VIEWER
WATCHING

S R E T E M H C R A E S E R
L A D E T A L U C L A C T K
E T V D S E C N E I D U A R
D I I E A N J L G R V M M O
O N E M C O K S N S E E I W
M G W O D I S D A T R A T T
A S E G A T E L R A T S S E
P I R R O I L O E T I U E N
W S D A R S P H G I S R I I
A Y I P B O M E A S I E R E
T L G H L P A S P T N M A L
C A I I A M S U O I G E I S
H N T C E O H O I C T N D E
I A A W R C T H N S E T S N
N P L M A R K E T A R G E T
G H O M E T S Y S P E E W S

Solution on Page 282

ABC
ACCLAIM
ADVERTISING
ANESTHESIOLOGIST
AWARDS
BIRACIAL
BOW
CHARLIE
CHILDHOOD
COMEDY
CULTURE
DAUGHTER
DIANE
DRE
EXECUTIVE
FAMILY
FATHER
GIGI
JACK
JANINE
JUNIOR
LESLIE
LIDO
LUCY
MOTHER
NANNY
NERD
POPS
RHONDA
RUBY
SHA
SITCOM
SON
STEVENS
TEENAGER
TWIN
URBAN
VIVIAN
WIFE
ZOEY

D P N V I V I V I A N V Q E
Y P O P S T E V E N S H A F
G G C E E M O T H E R S Y I
N I B N X S O M D S J D D W
E G A I Y E C U L T U R E W
R I D N R F C D D H N A M N
D B N A A A J U E E I W O S
V A O T C A C I T S W A C B
N L H W C O L I S I T C O M
L E R K L R Y Q A O V S D N
R S I D A L Y C U L N E I A
O L C H I L D H O O D K L B
I I C M M R E T H G U A D R
N E A B I D J A N I N E P U
U F A D V E R T I S I N G B
J H R E G A N E E T Z O E Y

Solution on Page 282

AFTERMATH
ATWOOD
BIBLE
CHAOS
CHILDREN
CIVIL WAR
CONTROL
DAUGHTER
ELITE
FANATIC
FERTILE
FRED
FUTURE
GILEAD
GOVERNMENT
HANDMAID
HOMES
HULU
IDENTITY
JUNE
LAW
LEADERS
MONEY
NAME
POLLUTION
POWER
PREGNANT
PROPER
READ
REGIME
RULE
SCRUTINY
SERENA
SOCIAL
STD
SUBMIT
WATERFORDS
WIVES
WOMEN
WORK

H O M E S E R E N A M E N A
Y J Y H P R O P E R E W O P
Q U T A D A E R U T U F E D
D O I N N E R D L I H C P K
B S T D E W R A A G W H O F
I J N M H M Z F W E E A L A
B F E A U T N D A L L O L N
L E D I J J A R T W I S U A
E R I D C U D M E I T V T T
M T N R G O N D R V E M I I
I I U H O M N E F E O N O C
G L T W O R K T O S T G N W
E E T N A N G E R P J F W O
R A E G I L E A D O W X A M
D Y N I T U R C S U L U H E
S O C I A L T I M B U S J N

Solution on Page 282

ACCOLADES
ADOPT
BIRTHDAY
BLACK
BROTHER
DAUGHTER
DIFFERENT
DRAMA
FAMILY
FATHER
FOGELMAN
FRIENDS
HOSPITAL
HUERTAS
HUSBAND
JACK
KATE
KEVIN
LIVES
MOTHER
NBC
NEWBORN
PARENTS
PARTNER
PAST
PEARSON
PEOPLE
PRESENT
RANDALL
REBECCA
SIBLINGS
SIMILAR
SISTER
SOPHIE
TOBY
TRIPLET
WEIGHT
WIFE
WILLIAM
YVETTE

E L P O E P B S N I V E K G
Y V E T T E T R A N D A L L
I P A S T N O M O E F I W W
A A C C E B E R E T S I S I
F M B R W D S S R A H R T L
A N A E G I A F E K B E F L
M P N R M F T L F R Z T R I
I O S I D F H S O K P H I A
L P L J L E G I G C K G E M
Y A D H T R I B E A C U N K
R R T L R E E L L L A A D E
E T P I I N W I M B J D S I
H N O V P T D N A B S U H H
T E D E L S K G N Y B O T P
O R A S E N O S R A E P A O
M R E H T A F H U E R T A S

Solution on Page 283

ACTOR
ALBUM
BETTER THINGS
CAREER
COMEDIAN
DAUGHTERS
DIRECTOR
DIVORCED
EDITOR
EMMYS
FX NETWORKS
HBO
HUMOR
LUCKY LOUIE
OBSERVATIONAL
OH MY GOD
PARENTING
PEABODY
PERFORMER
PIG NEWTON
POOTIE TANG
PRODUCER
ROLE
SATIRE
SHAMELESS
SHOWS
SITCOM
SNL
SPECIALS
STAR
TBS
THE COPS
TOMORROW NIGHT
VOICE
WEB
WRITER

LOUIS C.K.

S P R O D U C E R F D S T E
S N P R O L E R X A T H S S
E B L O V B E N U A G P I L
L B T T O E E G R I D E T A
E A G C R T H W N I N A C I
M L N A W T I W R R O B O C
A U C O E E O E O U T O M E
H C R R I R C M T G W D E P
S K S V R T U R N A E Y D S
S Y V O O H A I O R N O I P
R L M R O I T V I T G G A O
E O U M K N C T R Y I J N C
T U B X E G A E M E P D T E
I I L R G S S H O W S O E H
R E A D I V O R C E D B V T
W P E R F O R M E R X H O I

Solution on Page 283

ABC
AFFAIR
ANNALISE
ASSOCIATE
AWARDS
BODY
BONNIE
CALEB
CATHERINE
CLIENTS
CONNOR
CRIMINAL
DEAD
DECEPTION
DEFENSE
DETECTIVE
DIED
DRAMA
EMILY
EVENTS
FATHER
FEAR
FIRM
FRANK
GUILT
HAPSTALL
HTGAWM
INTERN
KILLED
LAW
MURDER
MYSTERY
PLOT
POLICE
PROFESSOR
SAM
SECRETS
SHOT
STUDENTS
WES

P N F I Y H M W A G T H B V
L A N I M I R C D Q A O N T
O F S X N B W I Z P D R R O
T F G S Y R E T S Y M W E H
S A B U O D S T N E D U T S
T I O R I C A T H E R I N E
E R N P O L I C E F D O I S
R M N D L S T A B E I N Q I
C L I E N T S M T T G R T L
E B E L A C Y E P E R W M A
S S S L Y B C E F C E W W N
D A N I A T C V R O D O F N
R M E K I E R E A N R E E A
A A F V D L G N N N U P A B
W R E H T A F T K O M V R D
A D D S E W P S A R R S T I

Solution on Page 283

ABC
AGREEMENT
BROADCAST
BULL PEN
BUNT
BUSINESS
CBS
CHEER
COMMISSIONER
CONTRACTS
CUBS
DIZZY DEAN
DODGERS
ESPN
EXCLUSIVE
FOX
GLOVE
INNINGS
LEAGUE
MLB
NBC
NETWORK
OUT
PLAYERS
PROFESSIONAL
REDS
RIGHTS
SEASONS
SHORTSTOP
TAG
TEAMS
TELECASTS
TRIPLE
VICTORY
WORLD SERIES

I T C D L K X N W J U G C K
B N U T V R K L M L B H O V
G U B H E L E A G U E U D V
L B S T S A C E L E T I S I
O E P I S J M L R J Z E H C
V V F R N A P S C Z I N O T
E I K E O E C B Y R N N R O
D S R D N F S D E F T P T R
O U O S C Y E S A R V X S Y
D L W E B A D S A O O H T E
G C T A N L G C S F R A O L
E X E S R N T T D I G B P P
R E N O I S S I M M O C S I
S X W N A G R E E M E N T R
J M N S T H G I R R M A A T
K I N I I Y P L A Y E R S L

Solution on Page 283

AFFAIRS
BIG LITTLE LIES
BILLIONS
BLOODLINE
BREAKING BAD
CINEMATIC
DESPERATION
DEXTER
ENTERTAINMENT
FARGO
FEUD
GAME OF THRONES
GOOD
HOUSE OF CARDS
JUSTIFIED
LEFTOVERS
LOST
MAD MEN
NOVEL
OUTLANDER
PILOT
PROTAGONIST
THE OA
TRANSPARENT
TRUE BLOOD
TRUE DETECTIVE
WALKING DEAD
WESTWORLD
YOUNG POPE

PRESTIGE DRAMAS

C I T A M E N I C F T B L A
D E S P E R A T I O N R B O
J U S T I F I E D R E E I E
S E N O R H T F O E M A G H
R D V P R E T X E D N K L T
E A R I R L E V O N I I I R
V E D A T O L I P A A N T A
O D Y L C C T S O L T G T N
T G S O R F E A L T R B L S
F N R N U O O T G U E A E P
E I I E O N W E E O T D L A
L K A M D I G T S D N M I R
D L F D C O L P S U E I E E
U A F A R G O L O E O U S N
E W A M R C J G I P W H R T
F E N I L D O O L B E U R T

Solution on Page 284

ARAM
BLACK SITE
BODYGUARD
COMPROMISE
COMPUTER
CONDITIONS
CONFIDANTE
COOPER
CRIME
DANGEROUS
DEMBE
DEVIOUS
DONALD
ELIZABETH
ELUDING
FBI
FUGITIVES
GLOBAL
IMMUNITY
INFORM
INTEGRITY
LIST
MASTER
MEERA
MOSSAD
NAVY
NBC
OFFICER
PROFILER
RED
ROOKIE
SAMAR
SUCCESS
TASK FORCE
TEAM
TERRORISTS
THRILLER
TOM KEEN
TRACKING

G M A S T E R R O R I S T S
N M R O F N I L Y V A N C E
I B S S E C C U S N D O M V
K R C T Y T I N U M M I R I
C E R E C I F F O P R T E T
A P T A S K F O R C E I L I
R O O K I E H O E I H D I G
T O B L B T M L G N T N F U
H C O N F I D A N T E O O F
R O D E S S E B A E B C R G
I M Y E A K V O D G A T P N
L P G K M C I L E R Z S A I
L U U M A A O G M I I I R D
E T A O R L U R B T L L E U
R E R T A B S E E Y E U E L
T R D O N A L D A S S O M E

Solution on Page 284

ARTHUR
BALL
BAMFORD
BARR
BEE
BURKE
CHLUMSKY
CURTIN
DAVIS
DEGENERES
DILLER
DUNN
FEY
GAROFALO
GETTY
GLAZER
HANDLER
HART
JACOBSEN
KALING
KUDROW
LEACHMAN
NOTARO
PERLMAN
POEHLER
POUNDSTONE
RAE
RIVERS
SCHUMER
SILVERMAN
STAPLETON
SYKES
TEIGEN
TOMLIN
ULLMAN
WHITE

FUNNY WOMEN

N W D E G E N E R E S P W N
V G P E R L M A N N U D S A
B A O N E S B O C A J T T M
T R A H N O T A R O A G G L
F O C H Y S O X L P S N F L
Z F H A D D L A L L I R B U
H A L N A M R E V L I S X P
U L U D Z R T O A O O R O T
O O M L N O T K F C E E B E
P N S E N D Y H G M H A H I
S I K R I A Y D U L A M E G
E L Y E T V U H E R A B A E
K M B L R I C R M K M Z R N
Y O A L U S R E V I R F E Y
S T R I C I G E T T Y U G R
W O R D U K W H I T E D B F

Solution on Page 284

AGENT
BUG
CHILDREN
CIA
COLD WAR
COUPLE
DAUGHTER
DEAD DROP
DEFECTOR
DRAMA
ELIZABETH
EMBASSY
FAMILY
FBI
FRANK
HENRY
HISTORICAL
IDENTITIES
INFORMANT
KGB
KIDS
MARRIED
MISCHA
MURDERS
NADEZHDA
NEIGHBOR
NINA
OFFICERS
PAIGE
PHILIP
PROTOCOLS
REAGAN
RELATIONS
SLEEPER
SON
SPY
STAN
THRILLER
USSR
VIRGINIA

H E N R Y R O B H G I E N K
M P H I L I P T S U L I C R
U O F F I C E R S P D A H E
R D Q L M B A S U E G A I L
D N A G A E R O N E F M L L
E P Z Z F C C T N O S A D I
R Q I S N O I T A L E R R R
S L O C O T O R P L A D E H
E M Y B I I N F O R M A N T
M A P E G I A P R T I I G F
B R S D I K B P D K S N B R
A R O T C E F E D L C I W A
S I F C O L D W A R H G H N
S E D A U G H T E R A R U K
Y D N A D E Z H D A N I N B
J N A T S L E E P E R V C U

Solution on Page 284

ALEX
ARREST
AWARDS
BACKSTORY
BIG BOO
BRUTALITY
COMEDY
CONVICTED
CORRECTIONS
CORRUPTION
CRAZY EYES
DAYA
DISRUPTS
DRAMA
DRUG
EVENTS
FLACA
GLORIA
GUARDS
INDICTMENT
INMATES
JOE CAPUTO
LARRY
LITCHFIELD
MONEY
NETFLIX
NICKY
NYC
OFFICER
OITNB
PASTS
PRISON
SAM
SENTENCED
SMUGGLER
STRUGGLES
SURVIVE
TAYSTEE

N I C K Y R J P Y A M A R D
A Y D R U G U A R D S N Y C
C O E L I T C H F I E L D A
A O B N I N M A T E S M Y B
L B R J O E C A P U T O O A
F G U R X M A W A R D S N C
E I T D E T C I V N O C D K
V B A B A C R A Z Y E Y E S
I E L N O I T P U R R O C T
V E I T R D X I L F T E N O
R T T I E N G L O R I A E R
U S Y O C I E V E N T S T Y
S Y R D I S R U P T S K N E
A A R A F S T R U G G L E S
M T A Y F R E L G G U M S B
X E L A O A R R E S T S A P

Solution on Page 285

ACCUSED
ACQUIT
ANALYSIS
ARGUMENT
BENNY
CABLE
CBS
CHARGES
CHUNK
CLIENTS
COUNSEL
DANNY
DECIDE
DEFEND
DIANA
DIVORCED
DRAMA
EMPLOYEES
EXPERT
FIRM
FIXER
HACKER
HIRED
JURY
KILLER
LAWYERS
LIBERTY
MARISSA
NUNNELLY
ODDS
PILOT
POLICE
SCIENCE
SELECT
SETTLE
STYLIST
TAC
TEAM
TRIAL
WIN

P B Y P I L O T A N A I D T
U E L B A C Y B C M D N A S
K N M K N U H C R E E C N I
I N W A F T O I C F L S N L
L Y E I C U F R E A T E Y Y
L I X E N Q O D I N A T S T
E E P S C V U R E J R T N S
R M E D I I T I U S G L G R
E L R D O S L R T L U E D E
K I T O Y C Y O E K M C E Y
C B S E E Y O L P M E H C W
A E N A S S I R A M N A I A
H R Y L L E N N U N T R D L
E T H I R E D R A M A G E T
X Y A L B S C I E N C E R X
Y D Y T E A M U Z W R S B C

Solution on Page 285

AFFAIR
BONNIE
CAR CRASH
CELESTE
CHILDREN
COMEDY
COMMUNITY
DARK
DRAMA
ED MACKENZIE
FACEBOOK
GORDON
GUN
HBO
HUSBAND
JANE
KELLEY
KIDMAN
KLEIN
LAURA DERN
LAWYER
LIFE
MARRIAGE
MINISERIES
MONTEREY
MOTHER
MURDER
NATHAN
NOVEL
PERRY WRIGHT
POLICE
RAISING
RENATA
SCHOOL
SON
TWINS
VIOLENCE
WIFE
WITHERSPOON
ZIGGY

K L E I N O V E L T W I N S
E F I L R Q R C O M E D Y Z
C A R C R A S H Z S I P E M
O E T S E L E C M C N M L U
M E G N I S I A R H N O L R
M W I T H E R S P O O N E D
U A I B H U E Z S O B T K E
N T O R D G S G I L A E O R
I A C E R O I B A G F R O E
T N H H A R N R A I G E B Y
Y E I T M D I E W N R Y E W
Q R L O A O M E N Y D R C A
K I D M A N R E D A R U A L
G Q R I A F F A R N J R F M
K U E D M A C K E N Z I E W
E C N E L O I V E C I L O P

Solution on Page 285

ANOTHER WORLD
BATMAN
BIRDMAN
CANDID CAMERA
F TROOP
FAMILY AFFAIR
FELIX THE CAT
GET SMART
GIDGET
GO GO GOPHERS
HAZEL
HONEY WEST
I SPY
LOOPY DE LOOP
LOST IN SPACE
MEDICAL CENTER
MOD SQUAD
MY THREE SONS
THE ALVIN SHOW
THE FLYING NUN
THE JETSONS
THE LUCY SHOW
THE MATCH GAME
UNDERDOG

TV IN THE 1960S

W S S N O S T E J E H T T W
R R G U N D E R D O G A O Z
N E E N P O O R T F C H F F
C H T G I D G E T E S D A L
A P S N L E Z A H N L M O E
N O M I E T L T I R I O M C
D G A Y L C X V O L P A O A
I O R L K I L W Y Y G T D P
D G T F L A R A D H N S S S
C O Z E E E F E C A Z E Q N
A G F H H F L T M I O W U I
M J T T A O A T B H D Y A T
E G O I O M A I S P Y E D S
R N R P E B I R D M A N M O
A B T H E L U C Y S H O W L
M Y T H R E E S O N S H K R

Solution on Page 285

ADLON
CONCERT
DATE
DAUGHTERS
DINNER
DIVORCED
DUCHOVNY
DUKE
FEVER
FIRE ALARM
FRANKIE
FRIEND
GIRLS
HUBBY
JEFF
JOY
LIFE
MAX
MEN
MOM
NEXT DOOR
PHYLLIS
PREGNANT
RICH
SAM FOX
SCHOOL
SISTER
SUNNY
TINDER
TRESSA
WORK

K R O W W Y N N U S E Z M D
H F E V A B B K J Y T A A U
H C T T H B Q B W Z L T D T
L R I L S E H D U K E W L R
P H N R S I L L Y H P D O E
O T D S Q O S L D R U O N C
Z R E Y O W W Q E C D F M N
X E R H D A U G H T E R S O
K S C E J A N O X S A A I C
X S I P N A V E L L Y N Z C
N A K B N N N R A G F K Q F
K Z M T Y S I E D N E I R F
B O B Y Y G R D M W V E X E
M N H Z D I V O R C E D F J
I S A M F O X Y Z Q R I M O
C Q Z Z J V Y G X E L T I Y

Solution on Page 286

AFFAIR
AGING
ALUMNI
AMBITIOUS
CLUMSY
COLLEGE
COMEDY
DEGRASSO
DESIGNER
ETHAN
FELIX
FINANCE
GROUP
HARVARD
HIPPIE
HUSBAND
INTERTWINED
JOHN
LAWYER
LITERARY AGENT
MAX
NETFLIX
NEW YORK
NICK
PARTY
SAM
STOLLER
TRUST FUND
TURNER
UNEMPLOYED
WEALTHY
WIFE
WRITER
YA AUTHOR
YOGA

FRIENDS FROM COLLEGE

K K R D R A V R A H H W R J
N H W R E L L O T S M R E L
H U S B A N D N H O J I N A
I S U O I T I B M A S T R W
N I C K R O Y W E N V E U Y
M U A R D N U F T S U R T E
U X N E I P P I H R D X T R
L I T E R A R Y A G E N T E
A L E V M E F I W T G T N N
G E C W C P A F K C R Y N G
I F N E L E L C A O A G E I
N Y A A U T H O R L S R T S
G T N L M H D M Y L S O F E
X R I T S A W E X E O U L D
N A F H Y N N D W G D P I M
X P M Y O G A Y H E J P X C

Solution on Page 286

ANNOUNCER
BASEBALL
BASKETBALL
BOXING
BROADCAST
CHAMPIONSHIP
COLLEGE
COMMENTARY
COMMERCIAL
CRICKET
DEDICATION
ESPN
FOOTBALL
GAME
GOLF
GYMNASTICS
HOCKEY
LIVE
LOGO
MASCOT
NASCAR
PENNANT
RACING
RECAP
REPLAY
RIVALRY
SHOUTING
SNOWBOARDING
SOCCER
SOCIAL
SUPPORT
TEAM
TRACK
VOLLEYBALL
WATCH

SPORTS ON TV

T S A C D A O R B F L O G O
E C R E C C O S G L E O M R
K I N M A E T N A N N E P I
C T R A C K D B E V I L F V
I S E G N I T U O H S C P A
R A C O C O M M E R C I A L
C N N L O Y E K C O H T Y R
L M U F L L A B E S A B A Y
A Y O C O M M E N T A R Y W
I G N I D R A O B W O N S R
C N N E N O I T A C I D E D
O I A S U P P O R T W P S P
S X K S M A S C O T L J P A
O O B A S K E T B A L L N C
N B H V O L L E Y B A L L E
D C O L L E G E N A S C A R

Solution on Page 286

ACCUSED
ALISON
ANDREA
ATTORNEY
CALVIN
CASE
COLLEGE
CPA
CRIME
DETECTIVE
DRIVER
FATHER
FREDDY
HBO
HELEN
JUDGE
KATZ
KHAN
KLEIN
LAWRENCE
LAWYER
MURDER
NAZ
NYC
OFFICER
PAKISTANI
POLICE
PRISONER
QUEENS
RAY
ROTH
SAFAR
SALIM
SERGEANT
STUDENT
TARIQ
TAXI
TURTURRO
VICTIM
WIGGINS

T A R I Q R X J N T W X I H
E U P E O B H B A B G J Y N
G N R T P R I S O N E R E I
E Y H T N E D U T S V F N V
L C Y M U R D E R N I A R L
L R N S E R G E A N T T O A
O C R E V I R D W S C H T C
C A N D R E A O I A E E T Y
Y R D J E W A K G F T R A N
D E S U C C A L G A E R V I
D Y N D I P Q L I R D I G E
E W E G F E O K N S C I M L
R A E E F D E L S T O I T K
F L U N O S A L I M R N N A
A C Q N A H K M X C I X A T
B A P C I Y X N E L E H Z Z

Solution on Page 286

ADVICE
AMUSING
ANOTHER WORLD
BIOGRAPHIES
COMMERCIALS
COURT
ENTERTAINMENT
EXTRA
GAME SHOWS
GUIDING LIGHT
HOSTS
HOT BENCH
HOUSEWIFE
INSIDE EDITION
INSTRUCTIONAL
INTEREST
JUDGE JUDY
MORNING
NEWS
PUBLIC AFFAIRS
RELATIONSHIPS
REPEATS
RERUNS
SERIES
SESAME STREET
SUSAN LUCCI

DAYTIME TELEVISION

S P I H S N O I T A L E R X
I H C N E B T O H M N K T M
I N L G C S E C G U S Y S A
C C S N I E E O I S T D E S
C D T I V I R U L I A U R E
U L S N D R T R G N E J E I
L R O R A E S T N G P E T H
N O H O U S E W I F E G N P
A W M M Q B M D D I R D I A
S R I A F F A C I L B U P R
U E X T R A S F U T B J S G
S H S N U R E R G C I G W O
U T S W O H S E M A G O E I
C O M M E R C I A L S A N B
T N E M N I A T R E T N E B
L A N O I T C U R T S N I W

Solution on Page 287

ACTION
ADVENTURE
BLANKET
BLOCKBUSTER
CARTOON
COMEDY
COUCH
CREDITS
CRIME
DARK
DOCUMENTARY
DRAMA
DRINKS
ENTERTAINMENT
EPIC
FAMILY
FANTASY
FEATURE
FILM
FRIENDS
FUN
HORROR
MUSICAL
MYSTERY
PICTURE
POPCORN
PROJECTOR
RELAX
RENTAL
ROMANCE
SCARY
SHOW
SNACKS
SODA
SPACE OPERA
TELEVISION
THRILLER
WESTERN

WATCHING MOVIES

H C U O C Z T H R I L L E R
U F A M I L Y R O M A N C E
C B N D O C U M E N T A R Y
A S O R X A L E R E S E F J
B D I A U I R O R K R E A S
L N S M F U C T N U E M N N
O E I A T P A I T H N I T A
C I V A O I R N O O T R A C
K R E P N D E O Y R A C S K
B F L M L V P A J T L M Y S
U U E D D H O C C E A Y D T
S N T A O R E T I K C S E I
T S E R U T C I P N I T M D
E H R K V G A O E A S E O E
R O S O D A P N T L U R C R
R W N R E T S E W B M Y A C

Solution on Page 287

ACTION
ANXIETY
ARRESTED
CASES
CBS
COMPLEX
COMPUTER
DEFENSE
DRAMA
ENGINEER
EXPERT
FIX
FRIENDS
GALLO
GAMBLING
GENIUS
GLOBAL
GOVERNMENT
HACKING
HAPPY
HELP
INTERACT
MAINFRAME
MARINE
MARRIED
MATH
MISSIONS
PAIGE
PROBLEM
RALPH
RELATE
SERVICE
SKILLS
SON
SYLVESTER
TEAM
TECH
THREATS
TOBY
WALTER

L A B O L G E A N X I E T Y
J R E L A T E G T H N H E P
O R E T L A W N N G P E C P
E M G T H T A M I I B L H A
N X E O U R A N O U K P A H
I T P L V P E R T H S C M R
R V J E B E M A R F N I A M
A D F G R O R O T E A M R H
M D R I T T R N C S S X R N
S I E A X E L P M O C T I O
E D S P M S Y L V E S T E R
R S N S G A M B L I N G D D
V O E E I N T E R A C T G Q
I N F S I O L L A G T O B Y
C S E F A R N O I T C A P X
E D D S B C F S L L I K S V

Solution on Page 287

ADVICE
ART BELL
AUDIENCE
CALLERS
CANDIDATES
CARSON DALY
CELEBRITY
CHAT
COMEDIANS
COMMENTATORS
CONTROVERSIAL
GUESTS
HOSTS
HOWARD STERN
INTERVENTION
ISSUE
JIMMY FALLON
JOURNALISTS
LIFESTYLE
LIVE
MEDICAL
MIKE DOUGLAS
NIGHT
OPRAH
PANEL
POLITICAL
SYNDICATED
THERAPISTS
TOPICS

X T T Y L A D N O S R A C I
S S O N R E T S D R A W O H
A N P U Q E S N C O T N H A
L A I S R E V O R T N O C U
G I C M C L S I O A S L W D
U D S E P Y E T L T N L X I
O E Y D C T T N S N K A L E
D M N I E S A E T E H F L N
E O D C L E D V S M H Y E C
K C I A E F I R I M A M B E
I I C L B I D E P O R M T L
M S A S R L N T A C P I R E
J S T S I L A N R U O J A N
G U E S T S C I E C I V D A
Z E D O Y N I G H T A H C P
S R E L L A C I T I L O P F

Solution on Page 287

ABC
AIDE
ASTRONOMY
ATHLETIC
ATTITUDE
BRITISH
CAMP
CHILD
CLAIRE
CLUB
DAUGHTER
DIMEO
DYLAN
EMPATHETIC
FAMILY
GROUNDSKEEPER
HILARITY
HOUSE
HUMOR
HUSBAND
JIMMY
MAYA
MILLER
MOTHER
NEW
PARTY
PERSONALITY
POINTER
POWERS
PRINCIPAL
RAY
SCHOOL
SITCOM
SUMMER
TAD
TESTS
UPSCALE
WHEELCHAIR
WIT

W O P A R T Y P M A C B A T
R I A H C L E E H W H F E E
E E T S C H O O L I S A L S
D R P R E L L I M N I M A T
I I E E M P A T H E T I C S
A Q M T E Y B I A W I L S R
M R O E H K M H R D R Y P E
Y E C P O G S O O E B A U W
M T T A R C U D N U Y R V O
M N I Y T I L A N O S R E P
I I S R R T N U D U R E C D
J O X E A E I C B L O T S Y
L P O M U L H T I M I R S L
J R O M U H I T U P A H G A
A M R U Q T S H O D A Y C N
F H U S B A N D T M E L A V

Solution on Page 288

ANIMANIACS
ANIMATED
BEETLEJUICE
BUGS BUNNY
CABLE
COLOR
EDUCATIONAL
ENJOY
ENTERTAIN
FAT ALBERT
GHOSTBUSTERS
KIM POSSIBLE
NICKELODEON
PBS KIDS
POPEYE
PROGRAMMING
RERUNS
RETRO TV
RICHIE RICH
ROAD RUNNER
SILLY
SPONGEBOB
STATION
SUPERHEROES
THUNDERCATS
TIME SLOT
TOM AND JERRY
TOP CAT
TOYS

SATURDAY MORNING CARTOONS

E N B U G S B U N N Y L F C
L I O T H U N D E R C A T S
B A B O O P S I I F T N T C
A T E Y S E N C B A C O W A
C R G S T R U L L O M I G I
B E N R B H R B L A K T N N
E T O I U E E O N I O A I A
E N P C S R R D M L N C M M
T E S H T O J P S I K U M I
L Y I I E E O E M E U D A N
E E L E R S M A L M O E R A
J P L R S I T O P C A T G E
U O Y I T E D S T A T I O N
I P B C D E V T O R T E R J
C L B H O Q S D I K S B P O
E R E N N U R D A O R A J Y

Solution on Page 288

Answers

Y R E V Y G C A M U N G A M
A F M O N K S C U L L Y T J
N R F U N E Y C U L Y W Y F
A E Y U U R R B E N D E R T
G T C A B M E V F O N Z I E
E X O B S I N N E D U G O T
N E L N G T E N I B B C N H
F D U E U S A M M A L O N E
L L M V B G D R V R A A A J
E E B E I C J A K T M R M O
A F O L H W R X A T A D T K
B N L E C O D A R I U S A E
A I K S M F R A S I E R B R
G E R U I W C P I C A R D Y
N S I O K R A M E R E M O H
J X K H K C O P S K R O M S

FAVORITE CHARACTERS

O T Y B U R R E L L Y C A M
G H S L A W T T A M B O R I
R I H T S I V A D Y D U J R
A S P O R T L A N D I A K A
F I V N D H V D V F J R I S
Z S N Y E E Z E E A A L I N
N U R H N R D H N P G V O A
W S E A I S C E H I A O R Z
O C D L R P F T M D C C H I
R H A E O O U I A E H Q Y Z
C R R T N O T L I E A K S A
E E U D S N O R R U T R U T
H I A H E I R I Z A H M E D
T B L V V A P M A C L L I B
V E E P C L A I R E F O Y E
D R A G S R A K S U I N E G

2017 EMMY NOMINATIONS

W C O M I C S T R E P X E C
A R T H I S T O R Y N P E P
T P S F S R N O W N E R S B
E O P U B U E L B O A A R F
R T E R P O M B P M N O E R
C T N N A H G L I A S E T S
O E C I A I E C T L D Y S E
L R E T V W S N S B O J O I
O Y R U S H O E A B U X P T
R G O R G M U C D S R C I I
V N N E N O K E S E N I H C
A I E L I A S E L E C T E D
L K K T L G L A S S W E H F
U L N X L S P U C E Y M P W
E A P A I N T I N G T S O H
J T W G B H G R E B L A W E

ANTIQUES ROADSHOW

K I L L A E C I L O P V M O
L R R M C N W O T B Y V E U
C W I O C I G A M N A L Z V
O C G N I L L I K U E L I A
G E O S D O M X L N O L M L
E H V T E R O T A V L A S I
R T E E N A G E E A R L T F
T T R R T C D W I D L N N E
M A V I R G I N I A E D A C
E M A S A C R I F I C E F D
H W I T C H I C C O Z N E A
S E N O B Y I N Y D O B T G
T L A R U T A N R E P U S G
A P I H S N O I T A L E R E
B X C Y M E R E J T C Q E R
D A M O N Z L L E H Z H L C

THE VAMPIRE DIARIES

F S E N I S I U C H E F S T
O J T G R D E K O M S D H Y
O P H N W E S I O W E E I L
D R N Q I M G P R L M S G I
I E I B A O I I P E U T S M
V P C L U N J I O E T E T A
E A L R I S R B L N I A N F
S R M O B T L P U T A K E L
Y E N G H R M E I R W L I A
T S L U O A E R V Z G M D V
I S B Y S T B A S A Z E E O
L E S F T E O B K R R A R R
A H C I L S T A F F E T G S
E S R E M O T S U C A N N L
R I C R E C I P E S O S I B
J D P I R T D A O R K Q T D

DINERS, DRIVE-INS AND DIVES

S P E E C H L E S S W E N D
K R N O I T P E C E D W L I
D O O I R E U C S E R A E S
E D I Y Y T T E B Y L G U N
M U T C A B L E W J N O T E
A C I R E M A S S I M N S Y
G T S S F T E T T M E T A A
H I I E A W H H M M R R C F
C O U L C E G E T Y G A D F
T N Q E I I B T M K E I A I
A E C G L V A O D I R N O L
M T A N I E T Y W M D J R I
I W O A T H M B C M E D B A
L O L S I T A O B E V O L T
M R C O E G N X Q L N P S E
J K K L S H A R K T A N K Y

ABC

F F D R A N C H R G W A C O
I K S E M O H M M A E R D N
X S U B U R B A R I A P E R
E E S P A C E K T N U H N U
R Y L I M A F E Z E R P R N
V E F A R M H O U S E O E I
X G N I Y U B V I E T T D Q
Y M W O H S J E M C N E O U
T R N O V O G R A N E N M E
I A T Z A A V R G E P T C E
L H M N T B T R N D R I H R
A C N N U N G E O I A A O H
E A I D O O H D L S C L O T
R V G C R Z C L I E N T S O
D E S I G N H O A R P C E W
T E X A S C H I P S D I K N

FIXER UPPER

N K K Q S C F A L C O N S M
O Y C L E G O S T N I O P A
T R O Y A I K M A N F C Y E
S O M F S O E X E S A X E T
U T M L O R G W M B D L P E
O C E K N X E D S S A P T M
H I R A X N J T L O E C K A
C V C T G A W F R E L C K G
B H I L N A J O S A I R P N
R E A B K O G D D H U F A I
A N L M E I R Y C H O Q T L
D U S B P O C I D N C W R I
Y R U D C I L K D A T U I A
W C I E R E O A O I L N O R
K S R V B A U N O F R R T T
M J G E E R Y A N G F G S V

SUPER BOWL LI

H S I W E J O S H O Z D Y S
E F I W G N I L B I S X M F
H U S B A N D N R E D O M A
C R O S E V I L L E Q R A T
M O R T O N E T I W E A T H
A A M R Y U T R P C S B Y E
M R N E Q R R R U E K B L R
A U E A D A E D O F C I I E
R A R M M Y O V R U A C M T
D M D I S R S I O E B K A I
H T L N P A E H A C H L F R
A B I G L N W F E M S T E E
R G H I D D B A F L A I O D
A L C S D E S I R E L Z D M
S Y T I N I N I M E F Y O W
A T I R O S S E F O R P A N

TRANSPARENT

L E G U W E S I U G S I D Y
S L L N Y D S R E T S N O M
S S E E I E R K P B S H O H
A P E N V T R O O N N T W C
L A H N T A S F L O R R H N
C C D U K R R A I E B A C U
N E S V M R A T C L M E R A
O C F A E A A H E E L I O L
I R A O R N N H B M R A T E
S A B P R A T S O A I U G R
N F B A A C H U X H B T N D
E T C U R L E J R C E O I A
M N A M O W D S A E L N E L
I C O M P A N I O N S S B E
D T E D R E T S A M E H T K
G C Y B E R M E N E M I E S

DOCTOR WHO

H F N P R O D U C T I O N U
C S E I N V E S T O R U S S
I T L E T E N R E T N I H F
L A S D A N M G A V I N Y U
R N O P P T D R A H C I R N
E F N I P U T R A T S H O D
Y O T P J R E C L U S I V E
N R U E N E R P E R T N E D
A D K R C S S E N I S U B H
P I L O O H D M S C O D E R
M J O B I L L I O N A I R E
O R O T A B U C N I D A T A
C H I N A Q E N E T W O R K
K W O E C O N T R A C T A C
K D E A L G O R I T H M M A
R E N T R A P M O N I C A J

SILICON VALLEY

D R B B C O N E S P N T E S
Z A E A T B C Y N U H N W N
G E T F R H O N E U I E O O
L L T T A E N M L L N M R I
O N E E P C F U T G U E R T
B A R R P X R N N K H V A C
A M T I E D O I E W A O P U
L R H M D R N K D X P M S D
P O I A F E T A N E P D N O
R N N G V D I T E T Y R A R
O U G E E A N N P C V A G P
D H S X E N G A E W A W I X
U B H O P O I L D T L R L F
C G I D O M S T N H L O O D
E W T U V E I A I R E F O H
J P B S F L S V T I Y G H X

2016 PEABODY AWARD WINNERS

CATASTROPHE

HBO

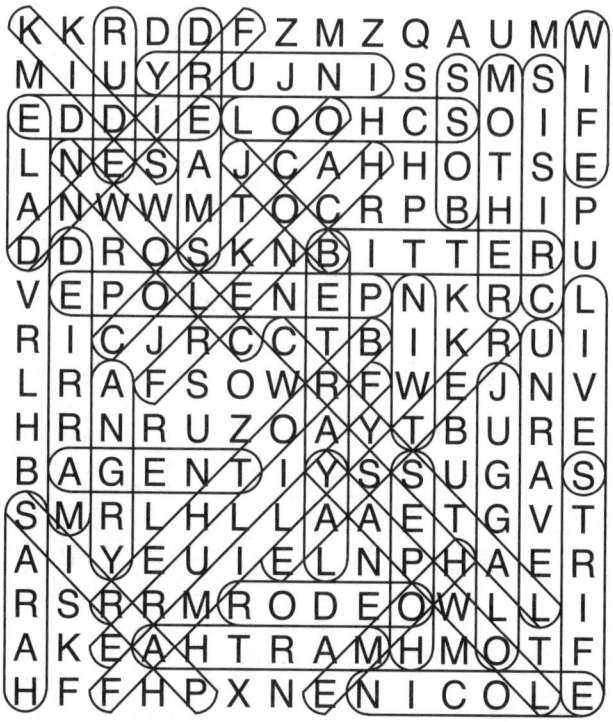

BASKETS

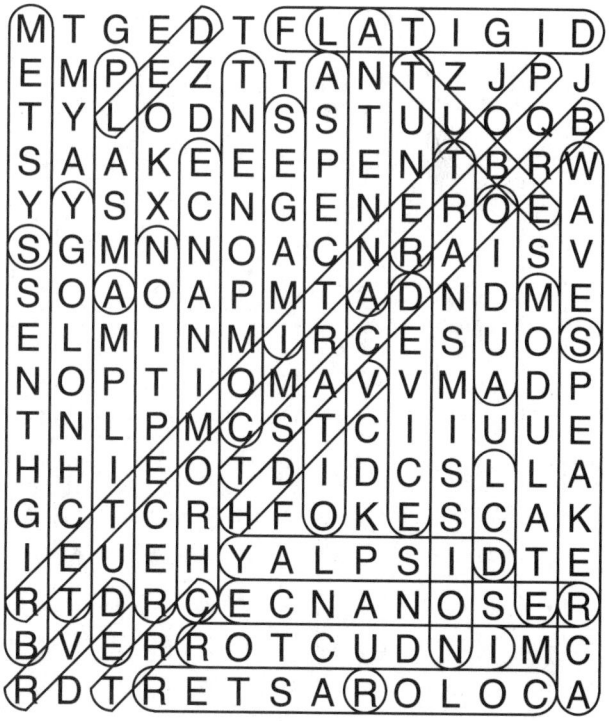

TV TECHNOLOGY

E M O S K O O R B N I R A D
V P R F M G B R Y D A R B L
O I E A J O R J T R I A L S
L H D M R S O O Q A S A S W
I S W I E S T H N K H I Y O
T N O L T I H N C E L S B L
T O L Y H P E I R H R I O S
A I E E G Z R D G O T S Y O
D T L R U T I N T G O T F K
N A Y C A E E C E E N E R N
A L K P D P O N O S Y R I E
Y E B R O D Y H U T Z L E R
R R K A T E M I T Y A D N U
B L A T I P S O H N K J D A
T H P E T E R R E C K E L L
T R I B U L A T I O N S F N

DAYS OF OUR LIVES

F J E C I O V E H T C O P S
C O N F E S S I O N A L S E
P T G A C A F S A E M M N G
G R H A I M E R R L A S O D
E E O E T E H A D A Z E I U
N H S J N R C W E T I C T J
R T T W E I R E R S N A C L
E O H I R C E G S T G P A D
C R U P P A T A C S R S R A
A B N E P N S R O E A G E T
S G T O A I A O U T C N T I
H I E U E D M T R N E I N N
C B R T H O Y S T O W D I G
A V S L T L Y J A C K A S S
B I G G E S T L O S E R Y R
Y B D U C K D Y N A S T Y X

REALITY SHOWS

F C T T S G O O D G I R L S
A H N I N A M R E T T E L T
M E D E M O G A C I H C M A
I E Y C P E C N G R I U A N
L R E I N O L R A M S R T L
Y S R T W W H E C T I E T E
T E O N T O T C S A S I L Y
I T T E F H H E N S U S A C
E A S R U S E S K E S A U U
S I R P M T B P Y G R R E P
G L E P V H R H R A F F R E
N I P A Q G A T S E D L O A
I F U E A I V N K V S O A C
W F S H O N E L Y A J S T O
F A C T S O F L I F E Z T C
P F I R S T D A T E S Q M K

NBC

G J F D U F F Y P Y O W Q Y
A F R E C I F F O A N N O D
B K I G B A S E U S S I L O
L E E A N I S B C K B T O O
E N N G T I L E Y K O G O G
A D D N E A D L S C J V H R
C R S E K L E D Y A D A C S
H A A I A V L B E J D U S I
U S D S N K R O W W O Q W T
R S D R E V I T C E T E D C
C E E E W F E S R U N P L O
H N N H Y R E T H G U A D M
D A M T O T N E D U T S W T
U V T A R E H T O R B S I O
O O E F K A N G E R G A F K
M E C I L O P G F H O M E G

KEVIN CAN WAIT

M U S N A P D A E D N E W S
L C J A O O P I N I O N T T
N A A L R I O P A W A R D S
R R R T I C T R I F O O L E
E E S T H M A C D P Z F K U
T N E D N O P S E R R O C G
S I G A M E L R M L O L S C
E A M I U A C I O B E A B A
W T E L S C Y Y C V T T C M
H R N Y I T N E D I S E R P
T E T S C O N G R E S S K A
R T S H A R X I K V M H W I
O N O O L A C I T I L O P G
N E H W T A L K S H O W C N
V E V E L Y N Y D O R A P T
S P U N D I T A U T H O R K

STEPHEN COLBERT

R U T H F E M A L E T D C D
M A L L O R Y E A S J R A E
Y C M A R K T F L T W A R B
G T B T F O F B F R R M M B
Y R H S M A A L E U O A E I
D E B Y I C O S P G S S N E
E S O R S R T S N G E S E I
M S X C I L Y I N L N N T H
O H I A I T L I T I B O F T
C E N N S G A C R N L I L R
A W G U D H A N E G A T I A
M O D E C R R I N G T I X M
E L L K E I T H I I T D F B
O F N V S E I D A L C U G E
S U O E G R O G R H S A B R
J Y K C I V P S T U O Y R T

GLOW

T N R H N E T F L I X A U S
S A E F I L N R N V R C A I
D I V O R C E A I E D C R T
N L I M C D M C V E T L U C
E L R I S H T E P O A A S O
I I D K D I R P R N I I S M
R L I E M E A I D I G M O K
F N L Y N N P L S N N V T I
S X O D D Y A O O T I A R M
D R C I M D C D R N M N A M
A E K M Y J O B G T A A T Y
T H E R A P I S T S E I S T
I T D E T A M M O O R D E I
N O U B Y E F A N I T N R T
G M P U V A W A R D S I Z U
R E Y W A L I M E R O T S S

UNBREAKABLE KIMMY SCHMIDT

S L L U B E B S C O R E V O
L A E D Z M K U S S B C I F
A A S T W I Z N N O R B E L
N S N O I T I S O P W A W A
I E G O T C A R T N O C E H
F X A N I T S F O R W A R D
E P O E I S R I G H T S S N
R E S G F T S A C D A O R B
F N I A C I A E D O B F D A
D S S R V O M R F I P A S S
R I Y E W A L F L O T G B K
A V L V G P E L P A R I F E
F E A O N N I U E D Q P O T
T S N C S O L E U G A E L N
R P A E N A T D E F E N S E
Y N X S R E B O U N D R J T

BASKETBALL

R E L L I R H T P L B T G E
E K J U Y U C D K A U C H C
L A N O I T C N U F S Y D I
D A M A R D S E C R E T S R
N A R R A T I O N N W T D E
A I N N Q W P A R E N T S P
H V N S S A M O L O E U O I
C Y S A H L T G R E O L R E
E O L E E T G F N H I E O R
L L I Z A U A A O C H W K F
Y K K T M H G N E T F L I X
K A R S R E O M O T H E R D
L I E A G E M R E L S S E K
I B E R D L B J S T R O K E
E D T A O B B O J E T A F Z
S N V H S L O W R Y W B Q S

BLOODLINE

J H O F S T A D T E R A J F
M O V I E S H C E T L A C P
T R A M S H G M A T H W S E
J O H N N Y G A L E C K I N
M V G E L P U O C D R W M N
A V I W A O R O M A H A O Y
Y C R D D C I O Y N R R N L
I O L L E H T Y J R W D H R
M L F E R O A R I E T R E E
B L R O F N G E E B C O L V
I E I N L D D A A S E T B E
A A E A A R S B M T S A E B
L G N R J I Y X A E D V R A
I U D D N A I D N I S E G L
K E S K O C O U C Y E L A K
T S I G O L O E G P L E I M

THE BIG BANG THEORY

W C Y W B Q W N H Y S R K V
A M O K S G Y F L B C V B X
Z D H W W T I H D C A Y M W
F A Q V W O N J Y E L U T W
T S R Q T P G W G N M E W E
J G F G F R U X F L C W A D
T D Z V X M Q T G W W I P H
L L Y Z B G O A C C C W S K
D Q G E O P L W W W L C I O
O E L W B I W K G F W V B M
L S S H Y Y O W O X E I P K
P X I L D O W W G S A P C V
A U W C M P U Y K V O W W O
I V P Y B F J F P H K O C E
W A H V T C A F T C A M T H
V X U M B V Y W F E K W E K

W CALL SIGNS

E Z D E U H U S B A N D U Y
W O R K H G D J O S A L E S
A N A I D N I R C K C E H Q
L W N M E E S I C L Y M R U
W L A I U O T I H O M E E A
S W R S N E R D L I H C H R
I F R C L B C P G N E E T R
T G A H R L M R E G N U O Y
C R T O N E A C C L A I M D
O A E O P D H B O B B F A E
M X D L U K E T T G C Z N M
S L L A H J D N O O J G A O
Z D T L I E V E T R O C G C
Y E I K N A R F R A B F E B
T F K K W B F A M I L Y R M
E B L A I C O S W I F E V L

THE MIDDLE

N U D A B G N I K A E R B R
G O M O O R S W E N E H T A
B A S B W T H I S I S U S M
H J M R D N B E T S O L Y I
T M E E E A T Y R H W B N M
N A A F O D M O A O P O A A
E G G D F F N A N V E S L L
M G O N M R T A G A T S S E
T I O B I E E H E E B I A K
A E D I N K N Y R I S B M E
E S W G P Y A S T O U U E D
R M I L W E O N H A N O O Y
T I F O S F E R I P M E L H
N T E V S D N V N G X B S V
I H D E X T E R G B E M O R
O G X G N I W T S E W R H R

AWARD-WINNING TELEVISION

X J I C U L T U R A L C Y N
I D R E L A T I O N S H I P
L L A X C N A S H V I L L E
F O S P U O Y S D C D Y W S
T N N E L I R W O R K A S I
E R A R I S O M A N A G T N
N A Z I N S M M Q O A W N E
A L I E A E A S F I H I A D
I A Z N R F N T R T A L R Q
B N A C Y O T R A I H E G B
S Y I E F R I E N D S H I P
E A T S A P C A C U V C M A
L N A I D N I M E A E A M R
P G N I T A E I S A D R I T
B E N J A M I N C O M E D Y
U W E D D I N G A C T O R G

MASTER OF NONE

B L E S Q B P A N E L B A T
U E T X F R E W A R D S K Y
D A O A E F E S I W K A T F
G D V P P C O J T S U I X O
E E A K A A U N A D L W I O
T R R R O D R T I A R M L D
E I B O G N I T E P M O C L
Z Q F E D Q I R M U S N H B
I T D E I O U D N E E A D Z
R A C I N S P I R I N G Y U
P Y O S E E T S C D I T R M
H S U D R Y B H S K W B E G
O F R Z S E S U O H F A C V
S E S H O P P I N G L I O H
T H E M E S C U L I N A R Y
J C S E V I N K O O C F G E

TOP CHEF

Y S T A T I O N S Y C L T T
R Q Y E N R A B Q K L I N A
A N S R E Y O M L L I B E V
T V N V M R W G B H F F M I
N M O O N A T U R E F A N S
E A I N I F W S A M O M R S
M S N S A T R S E Z R I E M
U T O A T T A O T M D L V I
C E I R R E I R N N A Y O L
O R S T E L R O O T A S G E
D P I H T I H R N P L R E Y
S I V U N T L O O A R I G S
H E E R E Q G R I G L O N V
O C L L H A P C A D E O C E
W E E Y R O T S I H A R Z O
S T T D U O L L I A C R S S

PBS

C G M D T R U T H C E T D M
A R A K E U P S S O B A J W
P G S Z R O O M T I N U U E
O I A D D Y A C R E S N D C
W N S A N G P P T F N T G N
E L N T G E Y T A A C A E I
R T E I S C I M O C C D L R
S S E N W S I R E N L V N P
E D N G A L N X F N D E I O
I M U E Y A L E X A E N S L
L D U E I B E N O I S T U I
L A D T F L U T H O R U O C
A X R H S L A N I M I R C E
E A A E B O S T E R C E S M
M M U C C A C T I O N R N L
U R G W V H T S L W N G M Q

SUPERGIRL

D N A L O R E T S P I H Y N
M B U A M M E U J E U Q F H
R A B G N I R O L P X E R Z
P G E S C V U S W R I T E T
B F S T I J T S T D J N P R
S O S V T D N T D O I B O E
B U I G Y E E E B Z R Q R P
C N T U K C V J A C K I T X
G D C O H D D G U Y N Z E E
F E O H O T A I N D O O R S
D R M R S M R U V R S Y A T
B L I C H I C A G O A N C H
A F E E N X L L V H M G H E
O N L I N E Q B A E T B E R
D A T E F D R A U R L E L W
B R G Y F W L D C P K W R H

THE GREAT INDOORS

D I K S E K O M S N U G V M
P W Y D D N U O S E R I K I
A A L I V E F N T S C B A K
R N V S H P R O G R A M O W
E N A P T S A C D A O R B F
M E S L V T D H P A T Y O G
A Z L A O H D R C T C B N Q
C D E Y N G F O D U H Y A Q
V T N G E N L M L B Q T N F
Z F N P L O E E E E R N Z P
A B A I R D V T F A E A A E
Z S H T R O W S N R A F U P
F C C F L E O S I A C R I N
U B X I O D M N E T W O R K
S S T A T I O N S A F Z M W
H D C R T V T P C J D Q F T

TELEVISION HISTORY

C O A C H A N T H O L O G Y
P S S U R T O M J C E I E T
O A S E M I R C E A S D M U
S B A S K E T B A L L N M P
T C U S N V H C N I I E Y E
I A L E A I C A E F E I T D
N N T N M T A P T O A R N I
G A C T A C R T T R C F I P
M I Y I R E O A E N C L C R
E D I W D T L I M I U R H I
X N H O M E I N V A S I O N
I I C B N D N S D G E G L C
C L A I R T A T U A R T A I
O R L V E T E R A N N E S P
B N M R A F D V I C T I M A
O L A G E L W Q S C H O O L

AMERICAN CRIME

S R A E P S C N A L B E L Y
R E E D U S N O S R A P J R
O I S L W A L T E R S A Z R
M S T E T T L S B A N K S E
A E E F A E O I O I A U H P
N R F N V C G N M D R D A T
O W A I S D R A H C I R K N
Z U N E R R A E O A E O I U
E E I S E Q H X S L I W R H
P C C K H S A F I T V Y A N
O L R Y C M M U F N E L L A
L A N E T E G A L K N I D Y
B R E D U A L E D E L B E Y
H K E A K G R A M M E R Q A
T E H E L B E R G L A U E R
P G S H W S U R Y C R Y E R

TV STARS

Y N N A M W I F E K U L G C
D D E W E N E R D Y A J N E
G N I K L A T R E A L T O R
B A S T E P F A M I L Y R I
L B G O L D E N G L O B E A
I S I T U A T I O N S Q M L
H U I H C R A I R T A P A C
P H N C H I L D R E N L C B
S R A E L C U N O S G S E A
S V I E T N A M E S E E G X
E Y B T H R E Y W A L I A A
C A M O C T I S G O E L N W
C D O M Z H Y L I L S I E A
U O L W E D E I R R A M E R
S P O U S E S T L U D A T D
M T C L L E H C T I M F A S

MODERN FAMILY

T N E G A K C I M E R E E L
J K C E P Y R O G E R G N S
S R U O M A R A P U A N A E
R E C U D O R P S R J A J L
A N T H O L O G Y R C L Y T
T R P O Y H S M S Y R Y B T
S A E T A T E R E A A R A A
O W R D N R O H T N W A B B
C A D E R T M A A M F T N E
M E V I C T O R B U O N O T
H E L E F I W R Y R R E D T
I L R O T C A I H P D M N E
O I O S C A R E T H G U A D
D M A M A C I T A Y V C R V
D P A T T Y D U K E J O A N
R I P T O R N S I V A D S V

FEUD: BETTE AND JOAN

G V E E P N E W S R A D I O
K L M U S R E T C A R A H C
R N E W H A R T I S X D Z O
E R N E G Z I H L T F I T M
L O U I E W O E O A U S H E
L R I G T A H T H R L J E D
I D O G W I T H A B L O G Y
M S E R I E S U K A E I O E
Y L R I G W E N R L R N L C
E L P U O C D D O E H T D I
N E D O S I P E W M O E B F
R R E D D W A R F O U D E F
A F U T U R A M A M S Y R O
B H E N R Y D A N G E R G E
Y W C O M M U N I T Y K S H
A H M S R E T S N U M E H T

SITCOMS

T G V R M L U T D Q S E K G
R O C E V A S D N E I R F C
A L U F S S E R T S H A Y H
P Y N O I T C A J S Q U A D
E P D F A B D E A T H L Y D
T R R G N I K R O W L T O E
E O A O D K C I N I L C A S
R T M N B Y C E E A T M N U
O E A H O T D U Y O B U O O
E C G T J I M O R U D R I H
I T I N R C L O L T D D N E
V S G E A C H A U F F E U R
L M V R H D N A T C C R A I
Y E S I Q C M A T T H E W F
S O E S E U C S E R A C Y Y
N F O K Q X U T G A B B Y U

CHICAGO FIRE

S O L A C I N H C E T E S D
O P O G G K E A O T S D A R
U E C A E K M S N S T E X E
N R A F L L U S T I U S V C
D A T F A A T O R T N I L U
N T I E C I S C O R T G Y D
O O O R I C O I L A S N R O
R R N L G N C A R S I E E R
Y O Y I O A A T O S C R L P
H T L G L N S E O I I O L M
C C L H O I T G M S L T A A
A E O T N F I R O T B I G N
M R D I H M N I O A U D E A
E I M N C N G P B N P E L G
R D R G E X E C U T I V E E
A Q R O T A N I D R O O C R

TV CREW

B T K M A R I N E D A V I D
I B R A H I M A T H I S O N
P R I S O N E R S T M U H I
O R D Y T I R U C E S R P L
L E W I S N I P E R A V F R
A T N A E G R E S C O E N E
R O F F I C E R H N W I W B
A A D E F E C T I O N L V R
W M J J E D I F S I O L I O
H E E D M T E R I T D A R D
A R S A I W I I R A R N G Y
Q I S Z T T R E H B O C I G
Q C I K W T R N C O G E L D
A A C B O J A D T R X C I A
N S A U H P C C Y P F V S N
I G A N S A U L K T N E G A

HOMELAND

N E P O T N E I N E V N O C
B G S R R V D O W N L O A D
T L I T O I N O I T C A M I
T C O E R D G F E E D I E S
I C O C R E U I I R V D M C
L S E M K O A C N T D E B S
N A E L P B F M T A N M E D
H O N I E U U I I I L E R I
C P I O H S T S L N O S S N
O O L S I P G E T M G N H S
L A N O I T A N R E T N I T
J S O T D V A R I N R I P A
Q U E U E N E C G T M S O N
S W O H S N A L U O S A T T
R E N T A L T R E D I A I Y
B A N D W I D T H T E B H L

NETFLIX

Y Y E C A T S N A C H O G C
M F U Y S T E B H C R I M E
M R Y N U U J H F W X A D V
I I R D D O O F T S A F L I
J E E M B E Z Z L E M E N T
U N T A G V R Q N I M A A U
T D H Y D I L W K A T K M C
O E G T O T A E O T O C E E
H K U I C C W R O R B I L X
E C A R T E L R C F L R T E
N U D U O T N E I L C D T L
C H D C R E N T R A P N E B
H C N E Y D R U G S B T K A
M C A S S I S T A N T X I C
A D R A W O H L E G A L M O
N A G I L L I G E C N I V P

BETTER CALL SAUL

G G X B R O A D B A N D B M
N N G N I M M A R G O R P F
A I I N F O M E R C I A L S
R L L S V C C L U W O A E M
E L A A I N A M G B R N R I
M I R S E T E K A T T D C W
O B A I I N R N N E H S A S
O B C G T O D E R X E H R T
B S I A W W C T V A C O T L
G D R T I Y A P N D W W O U
U Y E D D I I A Q W A T O D
I N T E N A L P L A M I N A
D H M M L O C A L V Q M S D
E O E F G K C I N N E E T U
C N I C K E L O D E O N W N
T E N P A O S E R I E S B T

ON CABLE

G I D U T Y U I H A W W M B
T T B I O A F V B K F H A K
V H J A S F B Q Y F I S R E
E J A M I E F L W A M O I W
K L C A Z H I I E T W D A M
H E N R Y M P O C H D K T U
B G J D A U G H T E R T Y R
C A D F J P J A T R E T I D
C L I R P A A E S R U N R E
Y H V A O R C R R P I L E R
N H O N L T K A E S Y I N E
I I R K I N G D S A B N N D
R Y C V C E V U D E G D I Y
E B E K E R E N A T S A D B
S O D C Y S U T M S E A N J
F U J N O S V P K B L N S C

BLUE BLOODS

P R I Z E N V E L O P E S D
R A C E W F O R E I G N K L
E N O I T I T E P M O C C R
C A D R A Z A H N I S N O O
O H R R H O S T T R A S L W
V D A E A L D C U V S W B T
E E W L A C E O I B E I D A
R Z R C L S T G C U N T A C
P I O T R E A I S D A C O T
H L F E D T N P D G L H R I
Y A T A E F I G G E P B E C
S N S M O T M R E T R A A S
I E A S S F I G Y S I C L T
C P F T S D L E I Y A K I A
A O O S P E E D B U M P T O
L P U R C H A S E U L C Y B

THE AMAZING RACE

D T E V E N T S S I M A G E
S E G M E N T R C H A R T S
E R W I S S U E S V A E M O
H G O E D I V W S P V H A U
S S R H N I E E H J B T J N
A W L E C N E I D U A A O D
L P D B X N C V L N B E R S
F I N O A S A L A B C W E J
R C F O T I E L R B S N P D
E T T U D T Y E G A T O O F
C U C E I S A T F R P I R V
U R M N I K L I V E I T T I
D E H S I L B U P D R C S S
O S Y N H A R E M A C A P U
R I G F U P D A T E S V A A
P B K C O H S P O R T S M L

NATIONAL NEWS

S T E A L M G S R S T A M P
H O Z O L N R E P O O R T E
C H U T F O N V F E T D U G
R O C D F I A F I I R U Y G
I M H R D T I J H A W L E Y
M I I A A C D N A B S U H L
E C E H E I K K I N S T M L
N I F R M F R K Y D A H S O
R D A E G N O T N R O H T M
E E B G N O I T A B O R P G
V E H M O N E Y M M E Y V Y
U C X C U D A N S O N E B T
L I P M T E C N E L O I V U
M L M K I U E E L O R A P P
X O K N A H B F A M I L Y E
C P M U R D E R S H T A E D

FARGO

R E H T S E P V V F D H L L
O E H A I R A M T O W N L I
O A L F Q D A Y T I M E I L
P K C A J S Y T S D B W J Y
A W B M T H A C I B R M J E
O I A I T I O L A N C A A G
S N G L L N O S O S G N M R
G T A Y S L B N H H S S S A
K E S I T R Y X S A C I R C
W R N F O S T E R H R I E E
O S C O M P E T I T I O N G
N V K I A B B O T T E P N W
I S P I Y C P H Y L L I S B
S K Y L E N I R E H T A K I
A R R O G A N T D U E F Q V
C L L A S H L E Y O U T H W

THE YOUNG AND THE RESTLESS

N C M P S U A S P I R I N G
L H O A R V C O R C O R A N
S O D N O S C P O Y B D M I
S O E E T S A T F V R E A K
N S L L S E S O I V U C R E
O E Y A E N S U T A T I D E
O F T I V I I T M S A S I S
C C I T N S R G A G L I V E
Y H C N I U H U R N T O E G
T T I E A B C E K I T N T M
C P L T L N E S C T E S T E
U E B O A M C T U E N K I N
D C U P E G D I B E R E N T
O N P N D L Q T A M U V G R
R O T N E V N I N L B I K N
P C Y T I L A E R U T N E V

SHARK TANK

A L E G N A M U H E I S L E
V G S T S E U G E O N N L E
M A D A M F W H C B R O A L
G N I M R A H C T H E T V F
B G R R O T I N O M T H I O
O B E R N A R D R M S C V U
A O C H A R L O T T E I R N
M A T T H E R E S A W R U D
A R O M A I L L I W D C S E
R D R G M T O Z A L L E R R
D I O R D N A O S R I A O N
L I S A J O Y D U A W E B O
G S E C U R I T Y T F V E L
P E T E R F L Z F L L E R A
H O S T S E R O L O D A T N
F D R O T I S I V K W M W Y

WESTWORLD

S U S A N N E B I E R K P O
E M I T W O H S B Y I C A G
L X A P E E V L L N E A T R
I I U S P K O C H A C L T A
N L R B T O S C B L I B O F
A F S A D E O A A S O N N Y
M T O L S P R A B A V A O A
E E I X A N L O C M E H S W
Y N O S L U A P F A H P W O
E C O M E D Y C E N T R A L
R U D Z I N S K I A O O L O
A B B E M I T E F I L N T S
M A G G I E S M I T H O E L
C N I G H T M A N A G E R L
L I A K S A M O H T H B O I
S N L B R E V I L O N H O J

2016 EMMY WINNERS

P N C A L E B V I C T I M M
U A D L Y O Y L I M A F H U
O B N N I B V R R L I A R S
R R M W A Q A E E Y L T S I
G U D E E L U B G T L A W C
I B O A C N E E F P S I I E
R U O L I T E C R H L Y M N
L S W T L E D E I R R A M E
S O E H O E G F E E E L E L
D D S G P N A S N C H I R Y
Y B O T A S F T D N T S Z T
N F R N H S A U S E O O K S
W T T I M L S D F P M N J V
O C O L L E G E A S K O O B
T N H E V I F N M E K A R D
O O T H R E A T E A C H E R

PRETTY LITTLE LIARS

R D M S S D E T S E R R A A
F E O A D C U L T U R E E S
S N N D R E E R A C T V H S
G W L E A K R J S I A O S E
P A I R W R S E H D O L T N
A H T F A E I W G T Y G A A
R S J L F L D U I A E D R V
T E K A I A C N S A N L D H
Y D T M M O G H R E O A O U
I T A H U L B N I T M N M S
N F A S G P A R T P A O Y T
G X I U U U F I E E H D H L
R N A C C L A I M P E O X E
S T N E R A P D J M A R P U
A P R I N C E T O N I P T C
A I G R O E G C B L I V E S

ATLANTA

G F C J Z S L E N N A H C D
R R N O S T A L G I A A D E
O E X G M C E D O S I P E D
W B S N S M A R G O R P T R
I R E I F E E O Q L T Y A O
N O I T U B I R T S I D C C
G A D H L W A T C H M A I E
P D E G L M N E Y I E Y D R
A C M I H H E R Y L A S N E
I A O L O I D M D A I L Y D
N S C N U T I F O R P M S L
S T R O S T A R T R E K A O
Y Q P O E C I V I M A I M F
F T I M E S L O T O A B K G
T C H E E R S C I S S A L C
S A M A R D G U N S M O K E

RERUNS

S T A T U E A N G E L F G Z
R O L E S Y Y D O B A E P K
X A M O D E R N E S I M R A
L A N C E C C E N T R I C G
N O O P M A L R N M S N N E
I C A R R I E A E E R I R N
E A W I F F R R L T N S E D
T N A C R U O S K A S T G E
S D R E A T K F C F E P N R
N A D T S E I D O R A P I X
W C S K T U I N U I O P W H
O E O C E N O T P E B Y S J
R O H M E G L H L N J L A I
B E M R E U N C E D T K E M
S Y S R C D X M I S F I T S
S R O M U H Y S A T I R E D

PORTLANDIA

R A B N U D M L E H C A R T
U Y M E R I A L C P F V E A
T N A T H A N D A R R O W W
H S J H N G I O B E M R O N
L A O G O I P U E S A T P Y
E K R I I L U G A I H E L C
S I I R T L L X U D E P E Y
S N T W C I A W W E R N U P
J A Y N E A T K I N S O N R
N J W I L N I Y L T H I D E
Y A H B E C O M L Y A T E S
D F I O O F N M I X L U R S
D F P R A I D E M I A C W A
E R T S I Y B B O L A E O C
R E P O R T E R N Z L X O U
F Y H U S B A N D H I E D L

HOUSE OF CARDS

M S Q B A V I H S E M I R G
C T E L L U B G X N A H R L
J L E I K E Z E P E T D E E
E R Q I B R D R E G N A D N
F L L U A M O I Z U A S R N
F L E S M I O S S E L C U Y
R P S G U O R Z I N T A M T
E O B A R R D D B T A V R L
Y T A A V O V G N J A E I A
D L M B T I R I N A N N C Y
E L O W S T O R V I X G K O
M I C H A E L R O O K E R L
U H O D W Y F E S H R R L Y
N T A Y R A U T C N A S L A
N P N A G E N B M W V S O I
T H D W J D F H A P M C B M

THE WALKING DEAD

A D E S T R O Y R S F Y R R
W E A N G E L A N P B T E T
A N X I E T Y O U Y I E K H
R D O E L L I O T T N I C O
D I E I S S R N M I R C A U
S R D T S G O A G T E O H G
B V U I I S N N D N D S D H
I I M G R U E A V E R F E T
S N O E S O R R P D O P L S
O G D U E K M C P I S R U T
L L J S A I E H E E I O S R
A P A R A N O I A R D C I U
T R M L E F A S L L A L O G
E Y C Y N A T T A C K I N G
D C K E T N A L I G I V U L
A T A D F T H R I L L E R E

MR. ROBOT

E M E G A T S I N G I N G U
R D T M G T Y T I L A E R B
U H I Y E L I M S R I A H C
Z O H U S R E W E I V W W O
W S D C G M U R U E T A M A
I T W D E N G I S N U R P C
N S N N O S O N G S O T A H
N R T C A R T N O C K E R E
E O O E U Q I T I R C A T S
R S L L E R R A H P O M N H
O I O M I T N E U V N S E A
U V S P N U L L O L K X R K
N D S E L E C T E D A S L I
D A L A N B I T D R O C E R
S A E A N N L A N I F D O A
T D P R G U O B R E H S U V

THE VOICE

E E C R O V I D A T E S J Y
F C A S T T I W E H S P A L
L I A J R E D R U M T W M I
O L R R E C I F F O A V A M
F O P A T I N K I N L N R A
E P P E H H L G E R K J D F
I M D A P T A E X P E R T S
H A L X A R R R N O R A A L
C E I O S G O O D B A C R E
Y T A C J S I F U E A I E M
B Z I I A T V J I B N U R I
U C S T S N A K I L L E R R
S A O N O E H N N K I I D C
N T N A N G E R P A K N N D
U C J U N A B O S S R W G G
P H X Q K R O W E I B F L K

CRIMINAL MINDS

M D S B C D N E S N W O T P
A U I R H P H I L I P I H R
C K S I U N C L E Y A O E E
M E I T R E B Y R R T H H T
I M R A C D M R T O T S S I
L A C I H P A R G O I B U R
L T Z N I M O R M T R K T E
A T E C L P A D I E E E H M
N S U F L P N R T N D T E E
E M S A H A B S N W E F R N
T I R E R E I E A B I N L T
F T R G U S D R A W A G A S
L H I R A Y D Z E M L I N I
I W O G H T I L X F A E D T
X P E N G L A N D C O R H R
E J L R E T H G U A D Y D A

THE CROWN

N M S Y A D Y P P A H D F A
E A N G U N S M O K E A X Q
L D O A D C O A C H M P U F
L A S Z R E V T C I K A S K
E B R N A R W T L Y N N E M
C O E A G V I Y T T O R I E
A U F N N W M S U S T H S L
P T F O E A A M E R S O S R
S Y E B T N L E A O L D A O
N O J T Y E R T U F A A L S
I U E D A H S G N I N E V E
T R H P T M A J O R D A D P
S U T Y D E R E T S I M A L
O E M W T H E N A N N Y M A
L L I V I N G S I N G L E C
S E C N E F T E K C I P N E

CLASSIC SHOWS

M H C I R E G N I S L R I G
V H X D S B F A T H E R E H
Y C T E P W T N E D U T S D
T T J L D A E H G U J U E Z
T N O I A R S R E L R R I L
E E S O A E E S D C F E D A
B I I P N L W A I N W H C I
L G E S T S U Z W O A T O C
X H O U K G E V O L N O O O
S B B S H E R I F F I M P S
F O O T B A L L H Q I H E U
R R E T A T P O P C T I R M
I R E G G I E D S O R R O M
E P C I S U M G M A A A Y E
N E E T S W E E T C M M A R
D T L J S J Y U P H S C M T

RIVERDALE

K S J A C K G L E E S O N N
K O U N E L L A E I F L A E
C P L A N N I S T E R T M K
A H I T H E W A I F A A R R
I I A I N G L E N L S E I A
D E N R U B Y Q I S T C T L
A T G G L T R A A P H W A C
N U L N Y E T S M A O S A A
G R O I E E S U R N K N C I
I N V K N I S D S R O O H L
L E E A N D M N A T D R A I
L R R A L A O T L N U T R M
E Q T A D J S O B H C H I E
N E N D L A B I R E M E A H
D O E C O N L E T H H I L L
D N I L L I K E K L E B I S

GAME OF THRONES

C U R R E N T H G I S N I X
R E T N A B E N I L D A E H
O V E G B N I R E H T A E W
V E L N R I N T E R V I E W
I N E I O T E O N W E L C E
N T V G A H C C U E A H I S
G S I A D G P M N N U K O I
G T S G C I N O O A C L V C
D U I N A L E I R N N E F N
I D O E S I S O K C I R O
S I N K T S U I T A I T F C
C O M M E N T A R Y E M O Y
U F Y F R E T N E S E R P R
S J O U R N A L I S M C B O
S R E T P M O R P E L E T T
P U E K A M S P O R T S N S

NEWSCASTER

Y R E T S Y M R O S I V D A
L J U D Y S M I T H F Q I C
L J D I R E C T O R I U V T
A S E N A T O R C E R I O I
S C A F F A I R A X S N R V
I R Y O Q I A P M I T N C I
H L M R K C U H P F L O E S
A A E M U O C B A L A T K T
R C L A S S I F I E D G R N
R I L T S S B T G A Y N E E
I T I I E A I E N K D I D D
S I E O S G M S E I M H R I
O L H N A S S O R N A S U S
N O I T C E L E L G E A M E
S P O S I S I R C E T W R R
A R E L L I R H T N A R G P

SCANDAL

N S K R O W T E N X C S M L
I C Q I N F O M E R C I A L
E I M E S S A G E I Y I R A
L H Y C N E G A N R C B K C
S P S E L L T O A R E R E I
E A N S E I R T E L I O T T
N R A Y V T I M G Y S A S I
Y G G E C N M N R U R D A L
T O O E G O I O P B E C P O
I M L S C J M E M X M A H P
R E S T A U R A N T U S T S
B D Z F H B S P O T S T O D
E I P R O M O T I O N J O O
L A I W T A R G E T O W T O
E P L Q N S E I R E C O R G
C U S T O M E R E V E N U E

ADVERTISEMENTS

N S K L E M I R C L I E N T
N P T S L U G O M L E N A E
E C N A E S H A D Y O T M G
G L E A E L Y H M S H I I D
G E G R L R B Q C L T Y C I
H A A E R C H U E W T R K R
J N P X E A O T O B N R E B
B E A I B F E H B R A E Y S
U R Y F I S S P O O T T E L
N O O A E B O R P L S B A L
C N F T R O M O Y A I S W Y
H O F H H X I B B R S C A R
Y C S E C E L L B A S I R A
H C I R S R R E A M A R D D
P O R V D N O M Y A R W S G
Y L I M A F J S U O M A F L

RAY DONOVAN

L D P V S R H L J K U N G A
J V R Q Z O Q D N T V C L A
W Z S H X K B D W D C J F R
M R D J D R S E V F K J A C
B U F T Z R R U A T K A K T
D W U W N U M K E B K N Z H
M X J F W Y P W E W W F M D
G O W C U K K M O T M A R F
N G K H J U K G M N S A K K
E N Q B L B K D T K K Q I D
G V K H K D M A W O A C B K
Q K Y W W Z K P I C Q K P D
N I Y K S W L F E N Y L L M
Z B W T M D T V Q A C Y D D
S V T J V E L L Z X Y B I C
B Q D I E B N X K C A P V J

K CALL SIGNS

S W U D N A B S U H S N P M
S O N O F F I C E D F A R J
E R M D R E T H G U A D E B
B K E I N N H E H C M I S U
D W A P D I E D S Y I N S S
S R D L R D O U A A L E E Y
T E A O B A L L R J Y G V E
A C T M M R O E C D R O I S
F O E A A R G B E J U T L T
F N D C T A Y T N A S I R E
H R X Y T C N F A L S A D V
C A M P A I G N L I E T W I
I D I N O E L T P S L E E E
A U Z P R O T O C O L S R B
F V P O L I C Y R N E H H Z
L A N G U A G E S E U S S I

MADAM SECRETARY

W S Y M M E M A G H C T A M
H R T H E D O C T O R S N L
S O I S I T C O M E D I A N
D B S T A G E M I A L C C A
R I O T E R E K R A P O A J
A L P M U R T N Q C A M E O
W L J A C K D O N A G H Y S
A Y U I B R O T H E R S T H
G A A Y A R G S S E R D T U
A L M S E D A L O C C A N A
S D L K I M B A S I N G E R
F R I E N D S N A C T O R U
K I F C Y A W D A O R B A S
F C T E L E V I S I O N P H
T H E E S S E N T I A L S H
R S D E B O L G N E D L O G

ALEC BALDWIN

H L R T O A E C I L O P V D
U L E A C F M E B N L H M R
A A C G D N F A L N I E A A
N I R E A I I E N L V I N M
G C I N C L C C N D I N H A
N E M T C N H K E S A O A Y
M P E B A R E I W R E U T E
E S D O P E S L Y O P S T N
L E I R T N T L O L L U A R
I R C O A I E E R I C F N O
N G A U I M R D K E V B I T
D E L G N A R T S B S I F T
A A F H Y X M O N I Q U E A
G N R S P E R E D R U M B N
O T E K D P V I C T I M S A
T I N U R A F A E L A E R T

LAW & ORDER: SVU

C H I P S C A N D Y T N M E
L O P C H E A P F F O R E A
A H N R O C P O P S R F A S
E P J V H D R I N K F U L Y
R E A O E L B A S O P S I D
E S S C I N W M C F B N R T
C L V Z K S I C E C R E A M
R I C E C A K E C O O K I E
A E L I G A G D N S W A S H
N N Z O S E S E L T N C I H
E U G E I P T H D U I P N Z
V G T A E V O A E N E U S F
O G L I S R A P B W S C R A
J E R K Y A F R S L S I A S
S T E A K S L E Z T E R P T
H S N A E B V P A S T A B Q

EAT AND WATCH

A H T N A M A S D R A W A N
T E R N I G H T W W U C A A
R A A N Y T B A U E O O A T
A D G I O S A N R N N M M I
W L G S E I I M T K A M A O
E I O S D Q T E R C I E B N
T N H U U S M C C O C N O A
S E C E I P D L E I F T S L
N S E S O N A S D L G A T T
O T G R T I J E A N E R N A
J O A L M A M U I T U Y E L
K R R A E O F H S M I Y M K
Y I E U C E S F P T Q R G S
N E V G R A B B A G I W E H
W S O H W P O L I T I C S O
U L C B E I N T E R V I E W

FULL FRONTAL WITH SAMANTHA BEE

B C O D E B L A C K N A A N
Y U B T N A R G U O L C L E
J E L E M E N T A R Y D I W
Y C U L E V O L I X H L C S
E N E S U O H G N I T S E W
L O B S E V N O O M I R Y C
Y I L D G O O D W I F E O
P T O N E T W O R K F H K D
R A O K V C R O N K I T E A
E R D M U R P H Y B R O W N
M O S E M I T D O O G R M R
O P S C O R P I O N Y B U A
G R E E N A C R E S D G G T
T O N Y A W A R D S N I G H
E C A R G N I Z A M A B G E
S E T A I L I F F A D O H R

CBS

S U R V I V O R C C B A L D
P D U R Y T I R O H T U A D
E K N P E N N Y N I N P C N
E C O U N T R Y S E A I I A
C A I B F S T L P F M N T L
H T T V U I P I I S K V I R
W T A D R G N M R P R E L E
R A N E E E O E A E I S O H
I R G P X T S A C A K T P T
T E I U P A A T Y K M I A U
E T S T L R C N E E O G M S
R H E Y O T O O G R T A A A
L G R N S S E R P I C T R F
E U W H I T E H O U S E D E
O A T T O R N E Y H T E S T
G D U H N F I R S T L A D Y

DESIGNATED SURVIVOR

Y N X K I S S R M C S U L R
E A W K C T H S P O R T S N
Z B R R O T A R R A N B S L
K O P R E T H G U A D E E G
W Y E U U S M A R T G R N H
H S U R C M T L Z A U U I E
B A R R Y H B L N T O D S L
X C E E E A I E I Y F O U A
F I H H R D E N V N R O B I
F R T C L T R H S E G H F N
R E A A S U S O W K R D E
I D F E F I L O C E I L T Y
E D U T M A D A L M P I Y A
N K S Y L I M A F U A H B V
D S W A W A D L O O H C S I
C P O P S I T C O M U S I C

THE GOLDBERGS

B K I D S N O H T E L E T S
L A R U D E C O R P A J I F
A N E O S L O T P Q I T D O
I G C L W A M A R D C N O O
C U O S E T M P E O R O C D
E I R G N E E E M Y E I U M
P D D N W N R N I D M T M U
S E E I C I C H U E O A E S
C T D T R G I C M M F X N I
H I V S E H A X D O N A T C
A L R I D T L O S C I L A W
I L C L I F F H A N G E R A
R E M O T E T V S T A R Y T
F T N B S P R O G R A M F C
C A R T O O N O I T A T S H
L S U S P E N S E V E N T S

LOTS OF TV

O E S W S E L E C T I O N N
P C P I L Y V H S A T I R E
O N O L E N C C S N W V N W
C A O L A I E L K D L A A S
S M F F H T L E L C T R G E
I R A E C R E A N O B I R D
P O N R I U B H I M A E O A
E F D R M C R C T E N T M P
O R Y E E E I I R D D Y Y S
J E S L N N T M A Y P A C D
H P A L R A Y R M O A D A I
C S M Z O J A T E P R Y R V
T T B E L D S H V M O E T A
E I E V L O L H E U D K S D
K K R I H E L M T R Y I A W
S S G L R G U E S T X M C V

SATURDAY NIGHT LIVE

E I K E G D E R I U Q C A M
H X I L O V E L U C Y I L G
X E T D L S L N V L D I O O
D N T D D M A T I E A E V O
R T E I E L D M M L L E E D
A E N M N I A N L B S O O W
M R B E G F W F A U X D N I
A T O H I O O C F R E E I T
L A W T R R A O J V B N C C
E I L C L V T F O T R A E H
M N J O S R Q C E X L J Q E
O M V H A O R I G I N A L E
V E M E M A F F O L L A H R
I N H S D L O H E S U O H S
E T O E T I L L E T A S Q O
S K C O L E V O L A U N C H

HALLMARK CHANNEL

T Y C A G E L A N I L E S S
N M A J M B O D Y G U A R D
U A R T A L C M Y J I K I R
O D E C R O V I D D O E C A
C Z E J Y Y N N E B E N H W
E Q R T L A A I M E K T A A
R N N N A L M S O S I N R H
E O L A N C S T C U M E D Y
T I A T D A S R N O L D R M
R T C S D C E A I H O I U M
O C I I E C R T T E B S E E
P E T S V L G I E T B E T M
E L I S O A N O J I Y R A G
R E L A T I O N S H I P N P
K R O W E M C N K W S U E V
D Y P T D Y N E R I T A S V

VEEP

M F V D S U P E R H U M A N
E E I F H T R U O F T J A L
T H E O R V I L L E R A H A
R C W M I S S U S A A D T I
O R E A S A O N F N C N O C
M E R A O A N E O I E S B R
E T S L N M B W X M Y E E E
D S H L O A R G N A U L A M
I A I Y F R E I F T L E T M
A M P M Z U A R L I L G S O
E G M C O T K L D O M N H C
M L A B R U J Y Q N A A A F
P E H E N F R A T S N S Z U
I E T A K R O W T E N O A X
R N O L A T E S H O W L M O
E A G B F A M I L Y G U Y F

FOX

D A T E S Z Y N O M E R E C
E E W I N T E R G A M E S B
M Y T L L E N H S U B P I N
T A E A R G M H O S T D D G
D N R N N E S O P O R P L N
C E A R A I A Y W A E L A W
I L A R I L M L R B B A M O
T B E N G A A I I C E I I T
N I S F N T G M L T H T R E
A G O F H A T E Y E Y N G M
M I U X N N P A B L E E Y O
O L L N C W W A M Z L T L H
R E E X O T I C P M H O I A
B I S C H O F F A P S P M L
V A K L E V A P E K A J A E
R O S E T H E T W I N S F Y

THE BACHELOR

F S N B C G N I K C I K M F
U R P S R E G R A H C F N R
M E S R S L U C R A T I V E
B L E N O T O P B O N X G Q
L E G P I F H R A O E N C S
E E N G F H E G I N I B B U
R T I E U T P S I T S U S P
E S N V R S I L S R K C N E
C S N A S V D A O I R C O R
E L U A E R C I B D O A I B
I Q R L A D B C A Z W N T O
V G E Y A R T I L K T E A W
E T D O W N S F L D E E T L
R U R C H I E F S L N R S F
Z B F S O C N O R B S S A P
C A B L E G E L L O C F O X

FOOTBALL

P R A N K S V S I L L Y G F
T N E M E R I T E R Y N V B
N O I T A U D A R G I O S I
C H I L D R E N S S E I E R
R S R E C C O S S F T T N T
E D T K Y A G A T Y T A T H
E N O I T A R B E L E C I D
L E O J R R A E P I S A M A
L I H H A Z P T M M S V E Y
L R S B P A H I E A A F N M
A F M Q T O E D L F C U T S
B E Y R A S R E V I N N A I
E W R E D R O C M A C N L T
S E N O T S E L I M L Y Q P
A I Y C H R I S T M A S B A
B V P E G D I R T R A C B B

WATCHING HOME VIDEO

F F E M E E K A H Z B R M U
E C R T U K P S R E B M E M
R D F E K R O Y W E N N T J
A D N O H R D O U T T H A J
H G B L A A A E N E G N I J
S R A E Y T B A R R U O C H
J A T G S H N T G E R N O D
O C T N E G A I B F D R S R
N Z L A E I S H F E E E S A
Z N E R N F U E I E K V A T
H K P M L Y O N R P W C S S
A R E W O P I A K J H O N E
Y N A P M O C O N T R O L E
T J D M O G U L Z A S K P M
L R R R W S L A P A N I K A
S V I C E O L M O T H E R F

EMPIRE

P L S Y E L E V E N I D O M
P O A E V D E C R O V I D O
S A L R G E M A L Z R N B T
T J P I U A L O L Z O I O H
U N O P C R M N I A R T Y E
D W H E E E H O W R R R S R
E O L F K A S U H A O A F P
N T F B R E R B S T H M X W
T U A B C H E A A A D S I S
D E O R C I D R N M A N L D
A U E R N I O A Y C O I F R
R T A N E B N C U N E K T A
Q E O S A C C L A I M W E W
S L I L Y G V I N D I A N A
O N R F R I E N D S L H W C
K W O L F H A R D U S T I N

STRANGER THINGS

B L B I A T H L O N A O J Y
Y E L O G X J A T H E N S F
E T I A B R S A W T L A C I
K N P J B S E V V U J G I L
C G O Y I T L N G E N A T A
O D N L E N E E O I L N S U
H E B I H O G K D B Z I A Q
E C A H I T N R S D L F N U
L A R C C K A G A A I E M C
S T C O O O S I C C B N Y H
I H E S B N O I R H E C G A
N L L W O R L D R T A I Q M
K O O D N O L H T A T N E P
I N N S B R U C K F P G G I
S O A R C H E R Y T O K Y O
L M E H T N A T H L E T E N

OLYMPICS

E S A H C R U P O V A R B J
C R L W O H S N O I T O N U
L O I A Y D O B A E P T Y D
E D L A I I C R E A T E C G
N S E L H R S T I P E N D E
A C L S E L E C T A B R T D
P K A E I C T T F R L E I Y
H F I R D G T I A T P N T L
F B R O I O N I M M T I S F
A U K C K A M G O E U L T E
B D I S L M A C R N S D E U
R G S I U R R V E T N A K L
I E S N M A I G B M A E C B
C T I E E E N M I N E D A J
S T N W W I N N E R J H J G
Y T I L A E R U N W A Y T I

PROJECT RUNWAY

P E U V E R O O Z W E N C T
A N O D R O G H S A L F C E
S C I R C L E O F F E A R T
S I L L Y H P P S Y R N A Q
W O H S G N O G W T F T D F
O R E L L I M Y E N R A B A
R C E C I L A R I H N S D W
D E O J K H C A V C S Y U L
P I W L T O R D E A B I E T
L G T I U T J F R N A S F Y
U N B N L M E A P N R L Y T
S A T U O V B T K O E A L O
T R O P E R S O A N T N I W
Y S Y R N O S N E B T D M E
S E N O J Y B A N R A B A R
L W O R K I N G S T I F F S

TV IN THE 1970S

T R E S I G N C A S E S B M
S E D A N I E L L J D H E J
I D U R L U Y P A R T N E R
P R A R E D R I A U T S P D
A U R E H A L W R O S O R R
R M F S C A A T R I S O E A
E N B T A K N L C I P V S M
H Y I I R E E A T O O M N A
T C R L T G V I U C G R E R
E L E H A I O T S J N I C E
R O V L A N O I T C I F I G
C U O A L R D U J L D R L R
E I E W X M V W S S D A A E
S S K R E L A E D A E B I M
E T A E R H T T Y T W H R G
P E T G E V I D E N C E T X

SUITS

I E R C L I P S E C R E T D
N D E C I V R E S Y N N E J
O E C I L O P C P U N I S H
I D I L A R U D E C O R P V
T S F P Y N A V Y B B A E T
C E F I C T I O N A L M R I
A I O R O T C E R I D K S M
M N E W C B X J I M M Y O O
A O A E S A E S E G M E N T
R L T L M E D I C A L A N H
D E M I Y R E S P O N S E Y
D F N A H S G N I T A R L E
J E A G E N T S H E N O E L
R A V I Z T R O N A E L E I
O V G U A M N I L T I A C T
D D U C K Y Y C R I M E N E

NCIS

J E S N I L L O C A H S I M
V Z R E F I C U L E S S E V
D D I B L S E N A B X A M T
E N O V A K C W D R E R C R
S M E G R C C E M O C O A E
T E K N U K A A O T N W S V
I M P I T N K M N H I E T A
N O I T A G I T S E V N I E
Y R R H N H L O T R S A E B
B Y K G R O L H E H S N L M
B R C I E S E S R O E O E I
O A I F P T R N S O N M G J
B M R X U Y B U R D D E U P
L L E P S I N G E R A D J J
T I R I P S C R E A M A S V
H T A R W D B L O O D P H J

SUPERNATURAL

Z I P D U B F R A N C E S A
J T N E D U T S S J S C D E
A R G T T R B R E R I D N N
C E U P A E E C U T I A A E
O B Y O L Y R N E C D A B T
B O S D W O G M T N M C S O
Y R V A V I S P O A O A U Y
R A L I N O T F R P W N H O
O E D O C D E D E A S N D C
N X X E V N I G T K E A O O
E U I K A E N E H I V I C M
M R L J H I R I G T I R T E
O P F C V S P H U O W B O D
W H T A T P B M A L L O R Y
V I E O I O P S D N E I R F
M L N E R E H C A E T B A E

GRACE AND FRANKIE

S R E T E M H C R A E S E R
L A D E T A L U C L A C T K
E T V D S E C N E I D U A R
D I I E A N J L G R V M M O
O N E M C O K S N S E E I W
M G W O D I S D A T R A T T
A S E G A T E L R A T S S E
P I R R O I L O E T I U E N
W S D A R S P H G I S R I I
A Y I P B O M E A S I E R E
T L G H L P A S P T N M A L
C A I I A M S U O I G E I S
H N T C E O H O I C T N D E
I A A W R C T H N S E T S N
N P L M A R K E T A R G E T
G H O M E T S Y S P E E W S

RATINGS

D P N V I V I V I A N V Q E
Y P O P S T E V E N S H A F
G G C E E M O T H E R S Y I
N I B N X S O M D S J D D W
E G A I Y E C U L T U R E W
R I D N R F C D D H N A M N
D B N A A A J U E E I W O S
V A O T C A C I T S W A C B
N L H W C O L I S I T C O M
L E R K L R Y Q A O V S D N
R S I D A L Y C U L N E I A
O L C H I L D H O O D K L B
I I C M M R E T H G U A D R
N E A B I D J A N I N E P U
U F A D V E R T I S I N G B
J H R E G A N E E T Z O E Y

BLACK-ISH

H O M E S E R E N A M E N A
Y J Y H P R O P E R E W O P
Q U T A D A E R U T U F E D
D O I N N E R D L I H C P K
B S T D E W R A A G W H O F
I J N M H M Z F W E E A L A
B F E A U T N D A L L O L N
L E D I J J A R T W I S U A
E R I D C U D M E I T V T T
M T N R G O N D R V E M I I
I I U H O M N E F E O N O C
G L T W O R K T O S T G N W
E E T N A N G E R P J F W O
R A E G I L E A D O W X A M
D Y N I T U R C S U L U H E
S O C I A L T I M B U S J N

THE HANDMAID'S TALE

E L P O E P B S N I V E K G
Y V E T T E T R A N D A L L
I P A S T N O M O E F I W W
A A C C E B E R E T S I S I
F M B R W D S S R A H R T L
A N A E G I A F E K B E F L
M P N R M F T L F R Z T R I
I O S I D F H S O K P H I A
L P L J L E G I G C K G E M
Y A D H T R I B E A C U N K
R R T L R E E L L L A A D E
E T P I I N W I M B J D S I
H N O V P T D N A B S U H H
T E D E L S K G N Y B O T P
O R A S E N O S R A E P A O
M R E H T A F H U E R T A S

THIS IS US

S P R O D U C E R F D S T E
S N P R O L E R X A T H S S
E B L O V B E N U A G P I L
L B T T O E E G R I D E T A
E A G C R T H W N I N A C I
M L N A W T I W R R O B O C
A U C O E E O E O U T O M E
H C R R I R C M T G W D E P
S K S V R T U R N A E Y D S
S Y V O O H A I O R N O I P
R L M R O I T V I T G G A O
E O U M K N C T R Y I J N C
T U B X E G A E M E P D T E
I I L R G S S H O W S O E H
R E A D I V O R C E D B V T
W P E R F O R M E R X H O I

LOUIS C.K.

P N F I Y H M W A G T H B V
L A N I M I R C D Q A O N T
O F S X N B W I Z P D R R O
T F G S Y R E T S Y M W E H
S A B U O D S T N E D U T S
T I O R I C A T H E R I N E
E R N P O L I C E F D O I S
R M N D L S T A B E I N Q I
C L I E N T S M T T G R T L
E B E L A C Y E P E R W M A
S S S L Y B C E F C E W W N
D A N I A T C V R O D O F N
R M E K I E R E A N R E E A
A A F V D L G N N N U P A B
W R E H T A F T K O M V R D
A D D S E W P S A R R S T I

HOW TO GET AWAY WITH MURDER

I T C D L K X N W J U G C K
B N U T V R K L M L B H O V
G U B H E L E A G U E U D V
L B S T S A C E L E T I S I
O E P I S J M L R J Z E H C
V V F R N A P S C Z I N O T
E I K E O E C B Y R N N R O
D S R D N F S D E F T P T R
O U O S C Y E S A R V X S Y
D L W E B A D S A O O H T E
G C T A N L G C S F R A O L
E X E S R N T T D I G B P P
R E N O I S S I M M O C S I
S X W N A G R E E M E N T R
J M N S T H G I R R M A A T
K I N I I Y P L A Y E R S L

BASEBALL

C I T A M E N I C F T B L A
D E S P E R A T I O N R B O
J U S T I F I E D R E E I E
S E N O R H T F O E M A G H
R D V P R E T X E D N K L T
E A R I R L E V O N I I I R
V E D A T O L I P A A N T A
O D Y L C C T S O L T G T N
T G S O R F E A L T R B L S
F N R N U O O T G U E A E P
E I I E O N W E E O T D L A
L K A M D I G T S D N M I R
D L F D C O L P S U E I E E
U A F A R G O L O E O U S N
E W A M R C J G I P W H R T
F E N I L D O O L B E U R T

PRESTIGE DRAMAS

G M A S T E R R O R I S T S
N M R O F N I L Y V A N C E
I B S S E C C U S N D O M V
K R C T Y T I N U M M I R I
C E R E C I F F O P R T E T
A P T A S K F O R C E I L I
R O O K I E H O E I H D I G
T O B L B T M L G N T N F U
H C O N F I D A N T E O O F
R O D E S S E B A E B C R G
I M Y E A K V O D G A T P N
L P G K M C I L E R Z S A I
L U U M A A O G M I I I R D
E T A O R L U R B T L L E U
R E R T A B S E E Y E U E L
T R D O N A L D A S S O M E

THE BLACKLIST

N W D E G E N E R E S P W N
V G P E R L M A N N U D S A
B A O N E S B O C A J T T M
T R A H N O T A R O A G G L
F O C H Y S O X L P S N F L
Z F H A D D L A L L I R B U
H A L N A M R E V L I S X P
U L U D Z R T O A O O R O T
O O M L N O T K F C E E B E
P N S E N D Y H G M H A H I
S I K R I A Y D U L A M E G
E L Y E T V U H E R A B A E
K M B L R I C R M K M Z R N
Y O A L U S R E V I R F E Y
S T R I C I G E T T Y U G R
W O R D U K W H I T E D B F

FUNNY WOMEN

H E N R Y R O B H G I E N K
M P H I L I P T S U L I C R
U O F F I C E R S P D A H E
R D Q L M B A S U E G A I L
D N A G A E R O N E F M L L
E P Z Z F C C T N O S A D I
R Q I S N O I T A L E R R R
S L O C O T O R P L A D E H
E M Y B I I N F O R M A N T
M A P E G I A P R T I I G F
B R S D I K B P D K S N B R
A R O T C E F E D L C I W A
S I F C O L D W A R H G H N
S E D A U G H T E R A R U K
Y D N A D E Z H D A N I N B
J N A T S L E E P E R V C U

THE AMERICANS

N I C K Y R J P Y A M A R D
A Y D R U G U A R D S N Y C
C O E L I T C H F I E L D A
A O B N I N M A T E S M Y B
L B R J O E C A P U T O O A
F G U R X M A W A R D S N C
E I T D E T C I V N O C D K
V B A B A C R A Z Y E Y E S
I E L N O I T P U R R O C T
V E I T R D X I L F T E N O
R T T I E N G L O R I A E R
U S Y O C I E V E N T S T Y
S Y R D I S R U P T S K N E
A A R A F S T R U G G L E S
M T A Y F R E L G G U M S B
X E L A O A R R E S T S A P

ORANGE IS THE NEW BLACK

P B Y P I L O T A N A I D T
U E L B A C Y B C M D N A S
K N M K N U H C R E E C N I
I N W A F T O I C F L S N L
L Y E I C U F R E A T E Y Y
L I X E N Q O D I N A T S T
E E P S C V U R E J R T N S
R M E D I I T I U S G L G R
E L R D O S L R T L U E D E
K I T O Y C Y O E K M C E Y
C B S E E Y O L P M E H C W
A E N A S S I R A M N A I A
H R Y L L E N N U N T R D L
E T H I R E D R A M A G E T
X Y A L B S C I E N C E R X
Y D Y T E A M U Z W R S B C

BULL

K L E I N O V E L T W I N S
E F I L R Q R C O M E D Y Z
C A R C R A S H Z S I P E M
O E T S E L E C M C N M L U
M E G N I S I A R H N O L R
M W I T H E R S P O O N E D
U A I B H U E Z S O B T K E
N T O R D G S G I L A E O R
I A C E R O I B A G F R O E
T N H H A R N R A I G E B Y
Y E I T M D I E W N R Y E W
Q R L O A O M E N Y D R C A
K I D M A N R E D A R U A L
G Q R I A F F A R N J R F M
K U E D M A C K E N Z I E W
E C N E L O I V E C I L O P

BIG LITTLE LIES

W S S N O S T E J E H T T W
R R G U N D E R D O G A O Z
N E E N P O O R T F C H F F
C H T G I D G E T E S D A L
A P S N L E Z A H N L M O E
N O M I E T L T I R I O M C
D G A Y L C X V O L P A O A
I O R L K I L W Y Y G T D P
D G T F L A R A D H N S S S
C O Z E E E F E C A Z E Q N
A G F H H F L T M I O W U I
M J T T A O A T B H D Y A T
E G O I O M A I S P Y E D S
R N R P E B I R D M A N M O
A B T H E L U C Y S H O W L
M Y T H R E E S O N S H K R

TV IN THE 1960S

K R O W W Y N N U S E Z M D
H F E V A B B K J Y T A A U
H C T T H B Q B W Z L T D T
L R I L S E H D U K E W L R
P H N R S I L L Y H P D O E
O T D S Q O S L D R U O N C
Z R E Y O W W Q E C D F M N
X E R H D A U G H T E R S O
K S C E J A N O X S A A I C
X S I P N A V E L L Y N Z C
N A K B N N N R A G F K Q F
K Z M T Y S I E D N E I R F
B O B Y Y G R D M W V E X E
M N H Z D I V O R C E D F J
I S A M F O X Y Z Q R I M O
C Q Z Z J V Y G X E L T I Y

BETTER THINGS

K K R D R A V R A H H W R J
N H W R E L L O T S M R E L
H U S B A N D N H O J I N A
I S U O I T I B M A S T R W
N I C K R O Y W E N V E U Y
M U A R D N U F T S U R T E
U X N E I P P I H R D X T R
L I T E R A R Y A G E N T E
A L E V M E F I W T G T N N
G E C W C P A F K C R Y N G
I F N E L E L C A O A G E I
N Y A A U T H O R L S R T S
G T N L M H D M Y L S O F E
X R I T S A W E X E O U L D
N A F H Y N N D W G D P I M
X P M Y O G A Y H E J P X C

FRIENDS FROM COLLEGE

T S A C D A O R B F L O G O
E C R E C C O S G L E O M R
K I N M A E T N A N N E P I
C T R A C K D B E V I L F V
I S E G N I T U O H S C P A
R A C O C O M M E R C I A L
C N N L O Y E K C O H T Y R
L M U F L L A B E S A B A Y
A Y O C O M M E N T A R Y W
I G N I D R A O B W O N S R
C N N E N O I T A C I D E D
O I A S U P P O R T W P S P
S X K S M A S C O T L J P A
O O B A S K E T B A L L N C
N B H V O L L E Y B A L L E
D C O L L E G E N A S C A R

SPORTS ON TV

T A R I Q R X J N T W X I H
E U P E O B H B A B G J Y N
G N R T P R I S O N E R E I
E Y H T N E D U T S V F N V
L C Y M U R D E R N I A R L
L R N S E R G E A N T T O A
O C R E V I R D W S C H T C
C A N D R E A O I A E E T Y
Y R D J E W A K G F T R A N
D E S U C C A L G A E R V I
D Y N D I P Q L I R D I G E
E W E G F E O K N S C I M L
R A E E F D E L S T O I T K
F L U N O S A L I M R N N A
A C Q N A H K M X C I X A T
B A P C I Y X N E L E H Z Z

THE NIGHT OF

S P I H S N O I T A L E R X
I H C N E B T O H M N K T M
I N L G C S E C G U S Y S A
C C S N I E E O I S T D E S
C D T I V I R U L I A U R E
U L S N D R T R G N E J E I
L R O R A E S T N G P E T H
N O H O U S E W I F E G N P
A W M M Q B M D D I R D I A
S R I A F F A C I L B U P R
U E X T R A S F U T B J S G
S H S N U R E R G C I G W O
U T S W O H S E M A G O E I
C O M M E R C I A L S A N B
T N E M N I A T R E T N E B
L A N O I T C U R T S N I W

DAYTIME TELEVISION

H C U O C Z T H R I L L E R
U F A M I L Y R O M A N C E
C B N D O C U M E N T A R Y
A S O R X A L E R E S E F J
B D I A U I R O R K R E A S
L N S M F U C T N U E M N N
O E I A T P A I T H N I T A
C I V A O I R N O O T R A C
K R E P N D E O Y R A C S K
B F L M L V P A J T L M Y S
U U E D D H O C C E A Y D T
S N T A O R E T I K C S E I
T S E R U T C I P N I T M D
E H R K V G A O E A S E O E
R O S O D A P N T L U R C R
R W N R E T S E W B M Y A C

WATCHING MOVIES

L A B O L G E A N X I E T Y
J R E L A T E G T H N H E P
O R E T L A W N N G P E C P
E M G T H T A M I I B L H A
N X E O U R A N O U K P A H
I T P L V P E R T H S C M R
R V J E B E M A R F N I A M
A D F G R O R O T E A M R H
M D R I T T R N C S S X R N
S I E A X E L P M O C T I O
E D S P M S Y L V E S T E R
R S N S G A M B L I N G D D
V O E E I N T E R A C T G Q
I N F S I O L L A G T O B Y
C S E F A R N O I T C A P X
E D D S B C F S L L I K S V

SCORPION

X T T Y L A D N O S R A C I
S S O N R E T S D R A W O H
A N P U Q E S N C O T N H A
L A I S R E V O R T N O C U
G I C M C L S I O A S L W D
U D S E P Y E T L T N L X I
O E Y D C T T N S N K A L E
D M N I E S A E T E H F L N
E O D C L E D V S M H Y E C
K C I A E F I R I M A M B E
I I C L B I D E P O R M T L
M S A S R L N T A C P I R E
J S T S I L A N R U O J A N
G U E S T S C I E C I V D A
Z E D O Y N I G H T A H C P
S R E L L A C I T I L O P F

TALK SHOWS

W O P A R T Y P M A C B A T
R I A H C L E E H W H F E E
E E T S C H O O L I S A L S
D R P R E L L I M N I M A T
I I E E M P A T H E T I C S
A Q M T E Y B I A W I L S R
M R O E H K M H R D R Y P E
Y E C P O G S O O E B A U W
M T T A R C U D N U Y R V O
M N I Y T I L A N O S R E P
I I S R R T N U D U R E C D
J O X E A E I C B L O T S Y
L P O M U L H T I M I R S L
J R O M U H I T U P A H G A
A M R U Q T S H O D A Y C N
F H U S B A N D T M E L A V

SPEECHLESS

E N B U G S B U N N Y L F C
L I O T H U N D E R C A T S
B A B O O P S I I F T N T C
A T E Y S E N C B A C O W A
C R G S T R U L L O M I G I
B E N R B H R B L A K T N N
E T O I U E E O N I O A I A
E N P C S R R D M L N C M M
T E S H T O J P S I K U M I
L Y I I E E O E M E U D A N
E E L E R S M A L M O E R A
J P L R S I T O P C A T G E
U O Y I T E D S T A T I O N
I P B C D E V T O R T E R J
C L B H O Q S D I K S B P O
E R E N N U R D A O R A J Y

SATURDAY MORNING CARTOONS